图说名人

《图说名人》编委会 编著

洛克菲勒
石油大王

Luokefeile
Shiyou Dawang

南海出版公司

图书在版编目（CIP）数据

石油大王——洛克菲勒 /《图说名人》编委会编著.
－－ 海口：南海出版公司，2015.9（2024.8重印）
　ISBN 978-7-5442-7987-1

　Ⅰ．①石… Ⅱ．①图… Ⅲ．①洛克菲勒，J.D.
（1839～1937）－传记 Ⅳ．①K837.125.38

中国版本图书馆CIP数据核字（2015）第204966号

SHIYOUDAWANG——LUOKEFEILE

石油大王——洛克菲勒

编　　著	《图说名人》编委会
责任编辑	张蕾
出版发行	南海出版公司　电话：（0898）66568511（出版）
	（0898）65350227（发行）
社　　址	海南省海口市海秀中路51号星华大厦五楼　　邮编：570206
电子信箱	nhpublishing@163.com
经　　销	新华书店
印　　刷	天津旭丰源印刷有限公司
开　　本	787毫米×1092毫米　1/16
印　　张	7
字　　数	80千
版　　次	2015年12月第1版　2024年8月第3次印刷
书　　号	ISBN 978-7-5442-7987-1
定　　价	36.00元

南海版图书　　版权所有　　盗版必究

前言 TUSHUOMINGREN

在混乱、充满不确定性的商业竞争环境中，如何抓住机会，获取最大的财富，美国石油大王洛克菲勒的故事也许能给你启示。

作为世界上第一个亿万富翁，作为20世纪初叶的世界首富，洛克菲勒自然具有常人不及的优秀品格：勤劳、善良、节俭、坚持、沉默、乐于捐献、有敏锐的商业触觉等。当然，一些负面的人性如狡猾、贪婪也可能对他积累财富有所帮助，这也是不可回避的事实。展开这样丰富的人的一生，相信你一定会有所感，有所想，有所学。他的故事，他的思想，在今天这个纷繁复杂的世界中仍有很重要的借鉴意义。

洛克菲勒曾经说过，他年轻时有两个愿望：一是要赚到十万美元；二是要活到一百岁。结果，他一生积累的财富按今天的美元折算，有两千亿美元，在历史上的富豪榜上曾经名列第一；第二个愿望虽然他没有完全达到，但他也活到了九十八岁，这样的高龄在那个时代几乎很少有人可以达到。

我想，洛克菲勒的事迹可以告诉我们，没有什么是不可能的，只要努力，就会有奇迹发生。

目录

事业初始

犹太人血统 / 1

初涉石油业 / 7

标准石油公司的诞生 / 13

石油帝国

托拉斯的特殊结构 / 21

工业界的巨兽 / 27

海外斗法 / 35

恶意的舆论 / 41

通往慈善之路

教育子女平民化 / 47

捐建芝加哥大学 / 51

三大巨头 / 60

肢解的巨兽

退休生活 / 75

捐钱行善 / 89

造福世人的洛克菲勒基金会 / 97

事业初始

◇ 图说名人 ◇

犹太人血统

对于约翰·洛克菲勒的一生，世人的评价自始至终都是毁誉参半。有人认为他是个具有野心的企业家，有人却恭维他是个慷慨的慈善家。双方都各持己见，相持不下。

美国早年的名人，一生多半靠机运成功，但洛克菲勒例外。他虽非多才多艺，但他冷静、理智，有远见、有计划，逐步地建立了他的企业王国。他最伟大之处不只是为企业界创立新制度，更在于为后人树立了做慈善事业的好榜样。他富有创造性的一生，在美国历史上确实占据了重要一席。

约翰·洛克菲勒生于1839年7月8日，逝世于1937年5月23日。他家的三个大孩子：露西(1838)、约翰(1839)及威廉二世(1841)出生在利查堡的他又郡。

1843年，老洛克菲勒，也就是本书主人公的父亲，花了三千一百美元在纽约西边的摩拉维亚旁的小村庄上买了九十二亩地，举家迁至新居，小约翰的童年（四岁到十一岁）是在那度过的。同年，母亲又生下妹妹玛丽安及孪生的法兰斯（生下不久即夭折）。过了两年，母亲又生下小法兰克(1845)。

约翰·洛克菲勒的父母个性不同。母亲爱丽沙·戴维逊金发蓝眼，是个苏格兰富农的女儿。她虽然接受的教育不多，却十分聪敏广博。爱丽沙虔诚地信奉基督教，是个道德水准很高的严母。她坚信孩子不打不成器，所以家教极为严格。此外，她

> **名人名言**
>
> 即使你们把我身上的衣服剥得精光，一个子儿也不剩，然后把我扔在撒哈拉沙漠的中心地带，但只要有两个条件——给我一点时间，并让一支商队从我身边路过，那要不了多久，我就会成为一个新的百万富翁。
>
> ——洛克菲勒

※ 摩拉维亚风景

勤快、节俭、朴实，这些美德和坚强的信念全传给了日后出人头地的小约翰。

洛克菲勒的父亲威廉·艾维利·洛克菲勒的个性与母亲相反，他健壮、自信、勇敢、喜欢冒险，更善于交际、谈天说地，是个不折不扣的乐天派。任何场合，只要他一加入，便马上成为焦点人物，他能将气氛变得活泼而有生气。但他也有缺点，他较任性而又以自我为中心，常常只顾个人喜好，一时冲动行事而不顾及后果。虽然他老家有田地，但他并非一个守本分的农夫，他把田地交给佃户去耕种，自己却到外乡去经商遨游。

邻居们总是把他的外出描绘得神奇有趣，说他一离乡，便要很长一段时间才会回来。等他返乡时，往往带回了壮马，载满了华服和美酒。他们对他的行踪很感兴趣，猜测他大概是做草药生意的。

1850年，洛克菲勒一家人由纽约州的摩拉维亚搬到纽约州的奥维哥，住了三年后，又搬到俄亥俄州的克利夫兰。虽又迁移过几次，但是最后仍定居于克利夫兰。在此一段时间，老洛克菲勒仍时常远游，并自称为洛克菲勒医生——癌症专家，也兼售一些治癌药品。

石油大王——**洛克菲勒**

约翰当时已进入克利夫兰高级中学,他念书很用功,一点都不贪玩。成年后,他也回忆说他自己小时候很认真念书,以备接受成年后人生的各种挑战。虽然高中教育没令他博学,但养成了他小心谨慎的习惯,使他发挥出求精求真的潜力,以致当他一踏入社会,便能将它们派上用场。

学校教育固然对洛克菲勒有益处,然而家庭教育才是他日后成功的最主要因素。尤其是他母亲虔诚、刻苦、节俭及勤勉的态度,更在洛克菲勒的一生中留下了不可磨灭的印象,甚至到了老年,他仍秉持着昔日母亲的教诲。母亲对宗教的信仰,也感化了洛克菲勒。早在学生时代,宗教就已在他心中生根,成为他生活的一部分,每个星期天他必去礼拜堂,这个习惯一直维持到洛克菲勒老年。

老洛克菲勒也和妻子一样地望子成龙,急切地想要将孩子培养成自立、机智、诚实而又有用的人。他教约翰如何写商业文件,如何准确而迅速地付款,以及如何清晰地记账。他

※ 俄亥俄州城市一角

知识链接

克利夫兰

克利夫兰是俄亥俄州凯霍加县的首府，位于伊利湖南岸，凯霍加河的河口，距离宾州一百千米，是俄亥俄州最大工业城市和湖港。面积196.8平方千米，人口约52万，其中黑人占44%；大市区包括邻近四县，面积3934平方千米，人口约190万。开埠于1796年，历史上由于是运河和铁路交会处，成为制造业中心。在大型工业衰退后，成为金融、保险和医疗中心。

克利夫兰于1796年始建，1836年设市。1830年伊利湖与俄亥俄河间运河开通，1851年通铁路，工商业迅速兴起。20世纪30年代成为现代化大城市。重工业是其经济基础，其中钢铁工业最为发达，其他工业部门还有机械制造、冶金、电气设备、石油化工、纺织、食品等，也都颇具规模。其位置位于连接美国东北部和中西部的铁路、公路干线上，十分重要。港口优良，输入大量铁矿石，输出钢铁、机床、汽车、粮食等产品。

的训练着重于细心、勤快和负责。他知道社会是冷酷的、现实的，所以他要孩子们在踏入社会之前，就能坚强且精明地武装起来。

老洛克菲勒一心只期望着他的孩子们日后能出人头地，做个精明的生意人，所以他对大学教育没有兴趣。约翰除了在1855年快高中毕业时上了三个月的法森商学院，学到些会计、商算、初级贸易、银行业务和汇率等知识外，并未曾接受正统的大学教育。

1855年，高中一毕业，洛克菲勒马上就到克利夫兰去找工作。他不计较报酬，一心一意想找一个能学做生意的工作。终于，在同年9月26日他如愿地在专做代理及托运货

※ 洛克菲勒的妈妈——爱丽莎·戴维逊

石油大王——洛克菲勒

物生意的修特及脱特商业贸易公司找到了。

当天，洛克菲勒便迫不及待地开始工作，他很高兴地说："我不计较待遇，我需要的是经验，而这家公司的制度和经营方法都是我所向往和需要学习的。我能找到这么合适的，真是满意极了。"

约翰·洛克菲勒在这家公司工作了三年，公司很器重他，派他与各行各业的人接触，包括交通方面的人、汽船公司的人、商人、批发商、铁路局人士等。老板在城里的许多产业，也是由约翰去收租，这一切都给予他很多实际经验。在公司前辈的口中，他更得到了许多经商的理论及管理上的知识。

1858年，他希望公司能将他的年薪加至八千美元，公司却只肯加到七千美元。当时他自觉羽翼已丰，颇有一闯天下的雄心，因而离开了公司，与一个志气相投的友人——摩拉斯·克拉克计划每人投资两千美元，合股创办一家经营谷物、肉类及其他杂货的公司。但当时约翰只有七百美元的积蓄，只好向父亲求援。老洛克菲勒先预支给约翰到二十一岁才能分到的财产——一千美元，同时小约翰需要在二十一岁前的几个月里支付预支款的利息。就这样，企业家洛克菲勒成立了他生平的第一家公司。

当时美国各方面都有待开发，所以正是年轻人大展身手、发展事业的好机会。聪明而有远见的洛克菲勒和克拉克终于在1859年3月18日，在大河街62号，开了一家公司，专门替人转运货物。第一年就经营得很顺利，做了四万五千美元的生意，净赚四千美元。当时的四千美元可是一笔大数目。

洛克菲勒做生意时是信心十足、野心勃勃的。克拉克还指出他另外的优点就是精细明确："如果客户欠洛克菲勒一分钱，他会去要回来；如果他欠客户一分钱，他也会还回去。"

洛克菲勒幼年并没有受过文化艺术的熏陶，所以他文艺方面的知识非常贫乏，因此，有人认为他在商业方面的发展，完全是物质欲望的推动。这或许是正确的，然而我们不可否认，他向往的是有建设性的收获，并且他在获得大笔财富之后，仍欲与大众分享其成果。

洛克菲勒从十七岁开始，就有捐款给穷人的习惯。我们可以从他的账簿上明显地看出他这个累积几十年的习惯。十七岁那年，他四个月的总收入为九十五美元，花了九块零九角添置衣服，也捐出了相同的数目给教会及穷人。他不但出

※洛克菲勒下沉式花园广场

钱，同时也出力为教会服务，而且他捐赠的数目完全与他的收入成正比，随着他财富的增多，捐款的数目就相应增加。更难能可贵的是，在他还没有开始成名之时，就养成了做善事的习惯，而且接济的对象不分信仰、种族和肤色。

洛克菲勒常自我告诫："你现在已踏入商业领域，要处处小心，不要骄傲，骄者必败啊！你的成就是建立在你每日的努力上。"这种自我警醒式的独白，成为他日后生活的习惯，他老年时曾回忆说："这个习惯对我有很好的影响，因我常怕自己无法承受自己的巨富而变得骄傲，所以时常勉励自己、警告自己不要太狂妄了。"

石油大王——**洛克菲勒**

初涉石油业

1860年,美国的疆土、资源都有待开发,生活水准、文化艺术都渐渐提高,这是考验年轻人的时代;同样地,也是年轻人表现自己的良机,而最容易一展身手的就是商界。于是,成千上万的年轻人拥向商场,他们不但期望得到财富,更渴望借此途径来肯定自我,追求权力及地位,来实现自己的"美国梦"。

当时,洛克菲勒和克拉克组成的公司已初具规

※ 美国洛克菲勒中心广场

※法兰克·洛克菲勒，洛克菲勒的兄弟

模，并积累了一些资金，他们想再开创一些新事业，却又不知该往哪方面进行。恰好在1859年8月，宾夕法尼亚州的第一家私人采油公司开张了，一夜之间，掀起了采油热潮。在克利夫兰时，洛克菲勒也曾为人运载过石油，知道其中的行情及可观的利润。他渐渐地心动，也想加入开采石油的事业，但他非常憎恶当时的商人在开采石油时的浪费及投机行为。后来，他经过慎重考虑，决定转向比较稳妥的炼油业。

1862年，每桶未炼的原油价值是三毛五至五毛五，而提炼的石油，可在沿海的市镇上卖到两毛三至三毛五一加仑（每桶有三十一点五加仑），不但如此，炼油的成本又很低，所以投资在精炼业完全是合算的。于是，炼油厂如雨后春笋般，一家又一家地在美国东北部各大城开张了。各大铁路公司为了赚取运费，也在每个石油转运的必经地铺设了新铁路，方便了开采石油和精炼石油业者。

在这种环境影响下，洛克菲勒要办炼油厂的信心更坚定了。正好当时有位叫安徒士的英国友人，擅长于将石油精炼成点灯用的煤油，他不但技术好，而且也是个有远见的人。安徒士认为煤油一定会取代其他点灯用的油脂，所以他希望脱离他所属的公司，自己投资创立一家炼油厂。他把心意告诉了克拉克。更巧的是，他与洛克菲勒在同一教堂做礼拜，因而相互认识，他也将此意转告于洛克菲勒。由于三人志同道合，就在1863年成立了安徒士·克拉克公司，专门提炼原油。

他们或许得到天时地利之便，在公司成立的同年，克利夫兰的铁路系统扩大，有直接的路线西通纽约市和大油田区，这两条路线不但便利了洛克菲勒新厂的运输工作，更因此给他带来了财富。

洛克菲勒将工厂建立在克利夫兰的郊区及水运要道上，他们起先只租了三亩地，后来买下了它，到1870年时又增加到六十亩地，最后增到一百亩。当时，安徒士负责一切技术工作，克拉克则从旁协助。提炼的方法很简陋，也很省钱，平均每五桶原油可炼成三桶点灯用的煤油。

1864年（也就是提炼油工厂成立的第二年），内战正进行得如火如荼，约翰的弟弟小法兰克·洛克菲勒去前线打仗，约翰也有心参战，但顾及家中的母亲与姊妹，以及刚成立的事业全依赖他做主，于是就放弃了参战的念头，选择在后方提供支援。虽然日后他对当时所资助的费用略有夸大，但实际上他确曾对前方的战友有所贡献。

同年，一件令人快慰的事情发生了，洛克菲勒遇到了他的心上人——萝拉·西洛夏·史贝尔曼。她是克利夫兰富商的女儿，人长得漂亮出众，是个容易亲近又聪慧的女子。她为人比洛克菲勒爽朗，也比他更有学问及见识。萝拉热衷教书，洛克菲勒沉迷于商业，他们两人在清楚地了解对方及仔细考虑之后最终决定在一起。他们于1864年9月8日成婚，婚后到尼加拉瓜瀑布等地度蜜月，回来后与父母小住一段时间后才搬出老家，开始独立生活。

那几年是洛克菲勒家族里最热闹的几年，他们的兄妹都相继成家立业。1864年，大弟威廉与麦拉小姐结婚，次年产下一子。小法兰克由军中退役，1870年与海伦·史考

※ 成年的约翰·洛克菲勒

※ 标准石油公司的第一座炼油厂

菲结婚。小妹玛丽安于1872年嫁给威廉·鲁得。约翰·洛克菲勒也于1866年喜获一女,取名伊丽莎白,昵称为贝丝。这几年,老洛克菲勒仍继续他神秘的卖药工作,洛克菲勒则真正当上了一家之主。

婚后,洛克菲勒与新婚妻子过着愉快而繁忙的日子。他们的生活圈子不大,接触的人多半都是在教会认识,因为他们夫妇常为教会服务,所以深得人心。

当时,洛克菲勒不但家庭生活愉快,事业也很顺利,贸易公司和炼油公司都有很好的生意,但因为目标不一致,内部的老板们常发生摩擦。洛克菲勒较有雄心,赞成不断地扩大工厂,因而常与思想保守的克拉克兄弟意见相左,尤其是炼油生意的兴旺,更使洛克菲勒产生扩张的决心。炼油厂本来只是副业,如今赚进的利润已超过主要的贸易公司,所以洛克菲勒更是决定要暗中朝此方向发展。

洛克菲勒痛恨浪费,他认为注意小节是成功的捷径。在这种个性的影响下,他对工厂任何的小事都不放过。在他的计算之下,他认为不要把水管、油桶这些附属品包给别人做,应该一切都由自己动手,这样才能省下更多的成本。于是,他不买外人的木桶,而是自己买林地、伐木、锯木、装桶,一步步完全自己操作,这种办法不但替工厂降低许多成本,无形中更创造出其他副业。他们一方面

石油大王——洛克菲勒

降低成本,一方面改进技术,使得自己的炼油公司在克利夫兰炼油同业间获得很高的地位。洛克菲勒和克拉克兄弟的争论终于白热化,克拉克的哥哥坚决反对洛克菲勒贷款增资,扩大工厂,而洛克菲勒却觉得只要不担风险,他要尽可能地贷款增资,他们最后在一个会议上同意将公司分解。

1865年2月2日那天,他们将安徒士·克拉克公司的股份拿来在股东中进行拍卖,规定由出价最高者买进所有的股权,他们请来一位律师主持拍卖会。克拉克由五百美元开价,洛克菲勒马上加到一千美元,然后轮流一千一千地往上加,加到七万美元的时候,气氛很紧张,克拉克说:"七万二。"洛克菲勒不甘心地叫道:"七万二千五。"克拉克跳起来,张开双臂大叫说:"这个生意是你的了!"说完,扬长而去。

26岁的洛克菲勒一夜之间就拥有了一家炼油厂。在2月15日那天,他在克利夫兰《前锋报》上声明"前安徒士·克拉克公司已被艾克赛尔逊公司购买"。由那天开始,安徒士不但是他的助手,也是他的合伙人了。

3月2日,克拉克、洛克菲勒合组

※ 1865年形成的Rockefeller & Andrews合伙公司

的谷物公司也瓦解了。洛克菲勒终于摆脱了保守的克拉克兄弟,买进该公司,完全独立经营管理两家公司了。

虽然从克拉克兄弟手中买进两个公司需要消耗很大一笔款项,然而,当时洛克菲勒的炼油公司不但在美国已建立起知名度,就是在世界石油工业上也占有一席之地。于是,他更加勇往直前,大笔地贷款,不断地扩建工厂,并又与弟弟威廉合作开了一家炼油厂,命名为"标准石油公司"。1866年,更在纽约珍珠街181号新开一家"洛克菲勒公司",专门经营石油出口的生意,由弟弟威廉负责。

采油的热潮由1864年延至1866年,然后,又一窝蜂地朝提炼业发展,直到1867年才慢慢平息下去。这几年间,各方面都有显著进步,技术、工具日渐地改善,尤其是运输的改进,原油的运输由马车改为利用油管运输。运输原油的公司不但建造了油管,还建造了油库,每次可以贮存五千至两万桶的原油。这一切的改进,使炼油业迈向现代化工业。

石油工业不但繁荣了美国的国内工业,还带动了国外贸易,在美国工业中一枝独秀。因为采油业的发达,自然也带动了附属的炼油业,提炼工厂所需的成本又低,只需一万美元就可开家小厂,提炼过程又简单,所以开炼油厂的人比比皆是。当时小厂遍布各地,在竞争中分为以下数区:油田区、纽约区、匹兹堡区及克利夫兰区。但任何明眼人都可预料到,在这种生产过剩、竞争激烈的环境下,资金不足的小厂难免惨遭倒闭的命运。

那么,谁能在竞争中屹立不倒呢?照理说建在大油田区的炼油厂最得地利,但不幸的是该地的人工及其他资源较贵,以致成本反而偏高。反之,克利夫兰区的工厂却渐渐在竞争中脱颖而出,它的工厂资金足,人工、资源(有煤矿)便宜,产品的成本比大油田区低,离原油区的供应地也只有一百五十英里,比纽约和费城的公司更靠近原油区。再加上该地有宽轨铁路和伊利运河,相较其他区域的工厂运输上更为便利。

1866年至1867年间,石油工业初次进入到了不景气的时代。许多小油田都停止凿井,油田业呈现出怪现象,有些善于经营的油田,仍源源不断地出油,有些却完全停止了。这萧条的景象,像一阵风似地波及炼油工业,许多管理不当的小厂开始倒闭,就连资金雄厚的洛克菲勒也开始担心,他担心另一个大时代即将来临!

石油大王——洛克菲勒

标准石油公司的诞生

在1865年到1866年间,有两位商业天才会合。洛克菲勒因把他在克利夫兰塞斯顿大厦的办公室租给年轻却富有经验的亨利·费尔杰,从此奠下合作的基础。费尔杰与深谋远虑的洛克菲勒相反,他极富创造性,积极而又热情。这两人以互补的形式彼此联合,闯出美国工业史上惊人的事业。

费尔杰生长在纽约州西部,而后来到俄亥俄

纽　约

州经商，与当地富商哈克乃斯的侄女结婚。他在洛克菲勒最需要人才来扩展事业的时候加入洛克菲勒集团。他认为投资石油工业，日后必有发展，于是，说服他妻子的叔叔帮助他，使他加入洛克菲勒集团。1867年，洛克菲勒·安徒士·费尔杰公司成立。费尔杰投资大约五万美元，他妻子的叔叔以匿名方式投入六万到九万美元。费尔杰的资金并不重要，重要的是他投资了他的才干，他的创造力，与洛克菲勒二人各展所长，相辅相成地完成了一番伟大事业。

由于1867年的增资，洛克菲勒集团的炼油厂也添增了各种机器设备，使产量在三年内（即1867年—1869年）由每天五百桶油量增至一千五百桶。他们的工厂也因此一跃而成为美国第一大厂。

费尔杰加入集团后的第一个贡献，就是与铁路公司交涉运费成功。当时，三大铁路系统是宾夕法尼亚、纽约中央和大西洋与西部。他们都为了抢运原油与提炼油的生意而彼此杀价，给予回扣以拉拢顾客，如此反倒让洛克菲勒集团占了便宜。

1867年时，湖边铁路公司刚刚进入运油市场（后由纽约中央系统控制该线），想和大西洋与西部系统抢生意。恰巧，碰上寻找便宜运费的费尔杰，湖边铁路公司总经理德法洛与费尔杰一拍即合：湖边铁路公司替洛克菲勒集团将大油田区原油以每桶四毛二分的价格运往克利夫兰，其中铁路公司还有暗盘，即每桶油给一毛五分左右的回扣。当时，拿回扣的风气盛行，甚至生意人个个觉得这理所当然，丝毫不觉羞愧。这种风气由1856年开始，直到1903年《艾尔金法令》推行之后，才渐渐平淡下去。

洛克菲勒认为他的公司比起其他公司在拿回扣上并没有多得到利益，但事实上，在1867年至1870年之间，洛克菲勒集团的公司产量大、生意多，自然较易争取到回扣。虽然如此，我们仍不可忽略他们在管理、经营及技术各方面所做的努力，那些才是他们工厂真正的实力所在。

洛克菲勒集团的投资不单只是提炼原油，他们还制造盛油用的木桶。他们买下林场，由伐木开始，一步一步制成木桶，以减少成本。此外，他们有自己的运货车辆、仓库、拖船和贮油库。他们也是第一家用油车而非木桶运油的公司。

洛克菲勒集团不但自己做各种产油需要的用品，而且还不断利用残余物来生产副产品。他们利用剩余物来制造铺路的柏油、石蜡及凡士林，并且制造挥发油及润滑剂。这些有计划

石油大王——洛克菲勒

的副业都是一般小工厂无法做到的，当然更无法与之竞争了。

洛克菲勒除了有计划、有远见，还是一个小心谨慎的人。他不但自己心细，而且要求他的助手、员工们事事小心，处处谨慎。在他旗下，没有人可以马虎地工作，更不可以随便估价、清点或测量任何成品。在他的企业管理中，细心谨慎就如军队中的纪律，是战胜敌方的最佳精神武器。

此外，洛克菲勒的精明也是他成功的因素。比如他买油，都是选择又好又便宜的，决不匆忙马虎，再加上他妥善的经营方式，安徒士日益进步的炼油技术和费尔杰富有创造性充满信心的经营方针，都使得"标准石油公司"的业务蒸蒸日上。尽管如此，拿回扣的事还是不能不提的。在市场平静的时候，它能增加公司的收入；在竞争激烈时，它能帮助公司打击其他竞争者，这一切均使洛克菲勒集团平稳地度过了艰难的经济恐慌时代（1868—1873）。

1869年，石油业已逐渐进入经营困难的境地，2月1日大油田区的油田主们成立了宾州原油生产协会，他们攻击税收，申请专利，但又不敢面对现实来解决开采过多、原油过剩的问题。炼油业自然也同时陷入困境，使炼油公司无法从中获利，而产量往往又超出市场需求，大公司尚可过关，小公司处境艰难。

在这一片挣扎混乱之中，洛克菲勒集团仍脚步坚稳，于是一些有眼光的人便想参加投资，但洛克菲勒并不赞成外人投资，怕妨碍他控制公司的权力，他建议将"标准石油公司"变成合资的股份公司。终于，该公司于1870年1月10日在俄亥俄州成立，公司仍沿用原名，由股东洛克菲勒兄弟、费尔杰、安徒士及哈克乃斯五人负责，还是继续经营石油及其副产品生意，这个股份公司共有10000股份上市。约翰·洛克菲勒占2667股，威廉·洛克菲勒、费尔杰及安徒士各占1333股，哈克乃斯占1334股，洛克菲勒·安徒士·费尔杰公司占1000股，此外，新股东吉宁士占1000股。自此

※ 美国太平洋铁路通车

知识链接

1869年美国的黑色星期五

1869年美国的黑色星期五，是指1869年9月24日。这个星期五，美国金融市场发生一场金融危机，美国金融市场大泻。这宗丑闻对当时美国的第十八任总统尤里西斯·格兰特的管治威信构成颇大的冲击。

美国内战期间，美国政府发行了大量没有足够储备的钞票，但是美国人普遍都相信政府会用黄金回购这批钞票。1869年，以杰·古德与和詹姆士·费斯克为首的投机者，在市场上大量购入黄金，意图减少黄金在市场的流通量，以提高金价。他们串通了尤里西斯·格兰特的姐夫亚伯·科本，向尤里西斯·格兰特建议任命丹尼尔·巴特菲尔德为美国财政部长，他已同意在政府内极力反对购回钞票。

9月，投机活动令金价上升了30%，资金流向金市已使股市持续疲弱。9月20日，二人开始大量囤积黄金，意图进一步推高金价。

然而到了9月24日，美国总统尤里西斯·格兰特突然宣布抛售价值400万美元的黄金，购回战时发行的钞票，以阻止投机行为。此举令金市大跌，并发生恐慌性抛售，跌势迅速波及股市，包括杰·古德和詹姆士·费斯克在内的投机者都蒙受极大的损失。虽然后来美国国会对此案进行了调查，但由于第一夫人茱莉亚·格兰特不作证，调查无果而终。最后，丹尼尔·巴特菲尔德还是辞去了财政部长职务。这就是历史上著名的"黄金操纵案"。

虽然总统尤里西斯·格兰特的决定制止了炒作行为，却对市场与政府的威信都造成很大伤害，很多美国人都相信总统尤里西斯·格兰特收受了非法利益。1870年，美国历史学家亨利·亚当斯更是写了一篇名为《纽约的黄金阴谋》的文章进行攻击。

美国历史上的"黑色星期五"除了1869年，还有1929年10月28日"黑色星期五"，当时美国纽约股票交易所的道琼斯工业股价平均数竟暴跌312.9%，引发了全球性的危机。

石油大王——洛克菲勒

以后，新股东逐渐加入。当时，组织股份公司被认为是垄断市场的捷径，洛克菲勒虽然从此控制了市场，但他自始至终从没有欺骗过公司的股东，还时时为他们着想。标准石油股份公司成立的第三天之后就将洛克菲勒·费尔杰·安徒士公司以77994美元买下，并发表各个股东的工作：约翰·洛克菲勒当总经理，威廉·洛克菲勒当副总经理，费尔杰当秘书兼会计，安徒士当厂长。

新公司成立之后，面对的最大难题就是同业间的竞争。大油田区、匹兹堡区、纽约区等地的炼油公司都很妒忌克利夫兰的炼油工业，他们希望把克利夫兰的炼油业完全打垮。此外，如何争取到便宜的运费也是一个棘手的问题。精干的费尔杰终于想出了一个妙计，他对湖边铁路公司说："你们希望接大笔又长期的生意，现在我们春、夏季时不再用水运，就把四季的生意全交给你们公司。"

在这种情形之下，"标准石油公司"每天托运六十车厢的石油。铁路公司十分欣喜地接受生意，并奉送一笔可观的回扣，双方皆大欢喜地完成交易。当时因为铁路公司彼此抢生意，所以每家公司都会以回扣拉拢客户，虽然仍有许多人攻击，但这种方法仍被广大商人接受。洛克菲勒曾说：

"那些不懂生意经的人一天到晚叫嚷说回扣是不道德的，但你们想想看，谁能买到最便宜的牛肉？是家庭主妇？俱乐部的管事？还是军中的伙夫？这些人根本分不清零售价和批发价的不同。运输方面也是一

※ 现代化炼油厂

样，谁能捡到最好的价钱？是每天运五千桶油的公司、五百桶的公司还是五十桶的公司呢？"

在他的生意眼光中也许这样是对的，但是在美国政府眼中，任何由政府辅助的铁路公司应该对他们的大小客户一视同仁，洛克菲勒在这方面的见解是大错特错了。

虽然，拿回扣和经营得法使"标准石油公司"在不景气时代仍能一枝独秀继续营业，但是，洛克菲勒对当时混乱的市场仍忧心忡忡。一方面，他不忍心看到小型工厂在互相残杀式的竞争中被淘汰；另一方面，他看见产原油的各厂商联合起来组成原油生产协会，很担心他们将与大油田区的炼油工业家联合起来垄断市场，把克利夫兰的炼油工业排挤掉。他经常与助手们商讨解决问题的办法。

一天，他灵机一动，想到一个解决方法。他想到以"标准石油公司"为核心而合并其他公司的办法，可解决精炼油过剩及价格浮动不稳的问题。但是，他并没有将这构想笔录下来。

因为上述的想法，有许多人认为他一定是成立"促进南方繁荣公司"的构想人，但洛克菲勒曾多次否认。

那么，"促进南方繁荣公司"又是谁的公司呢？原来当时，不只是炼油业的厂家忧虑前途，铁路公司也担心他们的命运。因为铁路公司了解他们的生意起落全依赖于他们客户身上，所以他们想与炼业者联合起来，控制石油产量，统一运费，使他们能够稳住生意。恰巧，当时宾州铁路系统的副总经理史考特的秘书和友人，在1870年春天买下一个名为"促进南方繁荣"的公司，随即拍卖出售，终于在1872年1月2日，被赞成联合炼油业者和火车公司的创始人士暗中买下。他们立即把内部的1100份以每份一百美元的股份分别出售，其幕后的主持人是史考特，但表面上，公司负责人却是莱逊，洛克菲勒集团始终否认他们也是创始者之一。

这1100份股份卖给了湖边公司（纽约铁路系统）和费城及匹兹堡的炼油工业家。成立这个"促进南方繁荣公司"的主旨是要把铁路公司和炼油工厂组织起来，使参加的厂商可以由铁路公司的协调而获得合理的运费，反之，各厂家也扮成协调角色，让每个铁路公司都能平摊到生意。如此，铁路公司不必低价抢生意，炼油工厂也可得到稳定的运费，并有铁路公司的保障，使不参加此集团的其他厂商无法获得便宜的运费而与之竞争。洛克菲勒为了生存竞争和不得罪铁路公司，也跟在纽约的厂商之后加

石油大王——洛克菲勒

※ 美国钢城匹兹堡

入此集团。

该公司初次会议就谈妥了多项惊人的条件。参加该集团的铁路公司计有宾州铁路公司、纽约中央铁路公司、湖边铁路公司、艾利铁路公司及大西洋与西部铁路公司。他们内定宾州铁路公司载运百分之四十五的总油量，艾利——百分之二十七点五，纽约中央系统——百分之二十七点五。运费也有小幅度的提升。但是，各厂家仍能够拿回扣，由大油田区至炼油区的原油每桶约为四毛至五毛，已精炼的石油每桶可拿约两毛五至五毛。"标准公司的运费"由1870年议定的一元六毛五（包括原油及提炼油的双重运费）跳至两元八角，但洛克菲勒仍觉满意，因为不参加集团的竞争者，还要比他们多付九毛一桶。此外，各厂家严禁铁路公司与不参加集团的厂家做生意。

如果铁路公司接下非"促进南方繁荣公司"成员的生意，他们等于要接受罚款，那就是铁路公司必须给会员公司相当于回扣的钱。比如，铁路公司替克利夫兰的非会员公司运油，回扣是四毛一桶，同时是会员的"标准石油公司"也可以拿到四毛钱一桶的回扣，这是摧毁竞争对手最毒辣、最残忍的一种手段。

此外，他们还限制各铁路公司必须将每日运货清单一律送往"促进南方繁荣公司"过目，使其会员对独立公司作业情形了如指掌。不仅如此，各会员厂商还有权审核铁路公司账簿，查看他们有无与独立公司来往而可以抽头，这种种手段必然威胁到独立厂商的生存。

"促进南方繁荣公司"的会员们是想用快刀斩乱麻的方式来消灭那些独立厂商而控制市场。他们把炼油厂商联合起来，并进一步想到要产油商人也联合起来，使原油也有一定价格，一年开会调整一次。没想到迟了一步，原油业在未被邀请加入该集团时，已得到"促进南方繁荣公司"成立的消息，一时各油田的主人认为炼油厂商想控制全局，个个怒火中烧，使局面大乱。

本来，"促进南方繁荣公司"的各项工作还是在暗中进行的，直到1872年2月25日，铁路公司一夜之间将运送原油与精制油的价钱全部更改，使得大油田区的油主和厂家慌了手脚，一下子街上、酒店、旅馆，人人谈论此事。"促进南方繁荣公司"的成员兴奋之余忘了保守该秘密，令消息走漏。

大油田区的油主和炼油厂商马上集合起来进行抗议，主张恢复"原油生产协会"，他们开会决定下列三项事件以示抗议：

首先，所有油主减少其三分之一的产量。

其次，不可用地雷及其他人制造的工具开采。

再次，三十天内不可开采任何新油井。会后并将"原油生产协会"更名为"石油生产工会"。此工会的所有会员，不但拥护以上三点，更将在星期日停工，减少产量，并决定不与"促进南方繁荣公司"的任何成员交易。大油区的《油城报》还刊出一个拒绝往来户的黑名单，任何与黑名单上厂商来往的人，都要小心他的脑袋。原油只可以卖给大油区的炼油厂。大油田区的炼油厂因此也十分恼怒，认为"促进南方繁荣公司"完全是为了消灭他们而来。

由此可见，大油田区的油主和厂商是十分愤怒的，他们不但想出种种抵制办法，还攻击对方采取的各种手段，称"促进南方繁荣公司"的成员是不道德的四十个贼、魔鬼、八脚鱼等等。所以大油田区的油主和厂商都愤怒到了极点，且完全不肯妥协。

我们认为洛克菲勒在那个时代参加该种集团，拿回扣，都不应该太受攻击，因为在那个时代要生存，要做大生意就难免如此。

托拉斯的特殊结构

石油帝国

洛克菲勒在19世纪70年代中期，富有野心地扩建，合并远近的同业工厂，终于完成了他的心愿，统一了炼油工业。到了70年代末期，使他苦恼的是，如何使这些被合并的公司全部合法受制于"标准石油公司"旗下。所以，下一步洛克菲勒必须精心创造一个特殊结构，使"标准石油公司"对外能合法地占有各个工厂，收取利润；对内能使各

※ 坚定的目光透露出坚定的野心

◇ 图说名人 ◇

名人名言

坚强有力的同伴是事业成功的基石。他们既可以把你的事业推向更高峰，也可能导致集团的分裂，而使你元气大伤，甚至倾家荡产。

——洛克菲勒

个工厂联合起来，步伐一致地作业。

当时，俄亥俄州的法律不允许该州的公司拥有其他州公司的股票。因此，合并他州厂家是非法的。于是，洛克菲勒他们走法律漏洞来加以掩饰。最初，当洛克菲勒买下纽约波士维公司时，他分给波士维现款和"标准石油公司"的股票，并仍让原先的公司属于波士维的名下，允许他负责业务，但作业方针要与"标准石油公司"一致。从法律上来说，波士维的公司是独立的，与"标准石油公司"无关，但年终的利润却要交给"标准石油公司"。

不久，当"标准石油公司"买下第二家纽约的公司时，洛克菲勒改变了转移的手续。他将新公司的股票设于委托人——费尔杰秘书的名下，以蒙混外界耳目。虽然，政府也曾来调查，但"标准石油公司"强调这些股份仅是委托给费尔杰，没有任何法律证据能显示证明"标准石油公司"收购了它们。政府固然抓不到证据，但洛克菲勒集团因此开始警惕，请来律师商量对策。

1879年，蓝尼律师建议公司成立一个三人委托小组，将公司三十七位股东的产权及公司各种股票和附属公司的股票，全委托于他们名下。他们自然只是傀儡，毫无实权。每年年终，只要将所有的红利按股份来分配给股东就可以了。

新方法仍受到法庭的指责，洛克菲勒曾为此亲自出庭作证，死不承认用任何直接或间接的手法合并任何工厂。由此看来，此办法并非尽善尽美，他们仍不断地请来名律师替他们想出十全十美的办法。

1879年，在洛克菲勒想把克利夫兰总部迁至纽约之际，大名鼎鼎的律师陶得加入了他们的组织。他一上任，就替洛克菲勒想了三个策略：

第一，将整个企业划分为总公司及附属公司，总公司有权管理一切附属公司的业务和股份。此建议是行不通的，因为当时法律不允许这种结构的公司存在。

第二，把合并的公司的股东算成总公司的合伙人。这个建议也随即被推翻，因为这种措施在法律上或行政上会产生许多不便，一旦合伙人本身有破产或死亡的现象就会给公司带来许多麻烦。

第三，形成"托管委员会"，选出受益人。股票设于"托管委员会"名下，而受益人才是有实权管理业务之人。这个建议经过研究，终被采纳。

这个办法很周到，却又不犯法。陶得律师解释给"标准石油公

石油大王——洛克菲勒

知识链接

美孚石油信托协定

《美孚石油信托协定》于1882年1月2日签订，它推敲、确定了"信托"（托拉斯）一词的法律含义，同时也还有一些同个人关系更密切的原因。洛克菲勒和他的合伙人开始考虑死亡和继承问题，并得出结论：按照当时的制度，他们当中某一个人去世可能会导致混乱、争执、诉讼和关系恶化。一项信托协议将使所有权更有条理，避免将来产生的纠纷。

协议设立了一个托管人董事会，将所有受美孚石油控制的实体的股份交给托管人，随后托拉斯发行股票。在总共70万股中，洛克菲勒持有19.17万股，而仅次于他的弗拉格勒持有6万股。托管人代表美孚石油的41个股东拥有各个公司的股份，并负责对托拉斯拥有全部股份的14个公司和拥有部分股份的26个公司进行"全面监督"。他们的职责包括选择经理和高管——其中可能包括他们本人。同时，他们在每个州设立了单独的美孚石油机构来控制设在该州的实体，协定建立起一个中央机构来协调和理顺各个经营实体的活动。

一种通过委员会管理和协调的制度逐渐形成。先后出现的有内部贸易委员会、出口贸易委员会、制造委员会、人事委员会、管线委员会、包装委员会、润滑剂委员会，后来还成立了生产委员会。在所有委员会之上，是由最高管理人员组成的执行委员会，负责确定总的方针和方向。执行委员会更多下达的是要求、建议和推荐，而不是命令。每日报告从全国各地飞向委员会，委员会根据各地报告进行协调处理。

九人的"托管委员会"组成之后，公司马上发行七十万张一百元的证券交给托管委员会管理，每年股东就凭此分红。接着就是选出"执行委员会"，委员仍是那九个有权有钱的大股东。等执行委员选好后，在1882年2月，将克利夫兰总部迁往纽约。然后，再如计划中所定，希望在每一州都设立一个"标准石油公司"。虽然该计划没有完全实现，但也曾在新泽西州（由费尔杰总管）、肯塔基、印第安纳、内布拉斯加、堪萨斯及加利福尼亚州设立公司。

司"的负责人："主旨上我们要合一，但又不能违犯法律，所以我们无可避免地要将各州的公司财务各自分开，各有自己的账簿、股票及董事，这样在法律上各公司仍是分开的、独立的，不必重复纳税。但我们可以令各州的公司都用相同的名字，相同的经营方式，并且由一个共同的执行委员会来指挥。然后，把整个企业的股票交给托管委员会（由公司的大股东担任）经营。公司将以托管委员会名义发行证券，各股东凭此证券，每年分到应得的红利。如此一来，看似分散的各公司，事实上是由委托人掌管的。"

于是，"标准石油公司"于1882年1月2日召开股东大会，组成九人托管委员会，掌管所有"标准石油公司"的股票和附属公司的股票。这九个人是约翰·洛克菲勒、奥立徽·潘安、威廉·洛克菲勒、波士维、费尔杰、华顿、派特、亚克勒及希鲁斯特。这九个人的总部在纽约，负责所有公司在纽约及新泽西的业务，等到适当的机会，再在其他的区域组织"标准石油公司"。这九位人士不但有权管理整个业务，还有权雇用及指挥其下属。

经过不断努力，洛克菲勒合并了四十多个厂家，垄断全国百分之八十的炼油工业和百分之九十的油管生意。他如愿以偿地创建了一个史无前例的联合事业，这不但出乎他自己的意料，还替工业界开辟了一个新纪元。于是各行各业的大厂家都群起而效之，直到新泽西州改变法律，允许公司兼并他州的公司后，热潮才平息下去。

洛克菲勒的事业为他带来可观的财富，在全公司七十万张的股券之中，他一人占了十多万张，约占全部股份的五分之一，这笔庞大的财富无疑促使他成为世界上的巨富之一。转眼间，年轻精明的洛克菲勒已步入了不惑之年，但他仍然健壮，沉默如昔，只是饱经世事的他，在成功之后更具有敏锐的观察力。不接近他的人常把他的沉静看成冷漠、孤傲。其实他为人友善，只是他并不是个喜欢接近大众的人，所以令外界人士或商场对手无从了解他，只凭对他外表的些许印象来猜测他的个性。

洛克菲勒早年辛勤，白手起家，年纪轻轻就懂得如何在商场争得一席之地，并肩负起养家的责任，这一切均得来不易，需要不断地默默耕耘，逐渐养成他沉默却苦干的个性。成功之后，他不但要日理万机，更需面对商场的各种对

石油大王——洛克菲勒

手。于是,他变得更加谨慎,更懂得如何保护自己。外界看到的都是他坚强如钢般的外盔,因而误认为他是个冷漠无情的人。

在经营事业方面,四十岁的洛克菲勒不再像往日一般地计较小节,而比较着重于公司的主要方针。他每天虽然要面对无数的大小事件,但他从不发怒或激动,他对下属也非常友善,接受他们的意见和批评,也听从他们的建议。他更时时刻刻地关心他们的身心健康。他曾亲笔写信给卡麦登,叫他休息:"你想休息多久就离开多久吧,我们公司不停你的薪,你放心地去休假吧!"他的热情与外界认为他寡情的看法,大有出入。

对于外界的误解,洛克菲勒一向泰然处之,尤其当同仁要洛克菲勒挺身而出为公司争辩,说几句公道话时。

洛克菲勒说:"鱼与熊掌,焉能兼得。一心不可二用,如今我全神贯注于扩厂、建厂,我决不停下来与毁谤我的人计较,时间会还我公道。"费尔杰刺激他说:"你的皮厚得真像犀牛一样!"

洛克菲勒仍冷静地回答他说:"我不喜欢参加争辩。"直到他步入老年时代,他才承认当初的社会舆论深深刺痛了他的心。

在长年累月的商场竞争中,唯一能令他休息的地方就是克利夫兰的"森林山庄"。山庄上成片的树林,往往勾起他对童年的回忆。他在那儿养马、宴客,并与他的妻子、儿女、年老的双亲度过许多宁静的夏季。父亲老洛克菲勒仍常常离家到西部去旅游卖药,母亲却常常到山庄来与他们共度夏季。

骑马是洛克菲勒唯一的嗜好,也是唯一的运动。当他感到倦怠时,他就去骑一个小时的马,让自己飞驰在原野之中,以舒畅身心。一小时之后,再回到书桌前处理事务。

他不是个喜爱舞文弄墨的人,在克利夫兰时他们家族从不去看戏或欣赏歌舞表演,直至搬到纽约之后才有些改变。他也不喜爱看小说或杂志,偶尔只听听他的妻女赞赏一两段精彩的故事,唯一使他入迷的只有《宾汉》这本历史小说。除此之外,他只阅读他崇拜的《圣经》。

他的信仰随着他的事业成功而逐渐加深,他虽不参加任何艺术性的聚会,但教堂的聚会他从不缺席,并且出钱出力,为教会及贫困的人做了许多实事。

他一向有捐钱给教会的习惯,数目自然与他的财富成正比。四年间,他的捐款由每年两万多美元增加到十一万美元,但他并不盲目地捐赠。因为盛名之累,差不多各处都有人央求他捐款,他总在捐款之前问清求助者的动机和目的。如果他认为合适,他才接济。他并非只用机构的名义捐款。他也喜欢用私人的名义捐钱。他捐钱的对象并不分国籍和种族,只要目的正当,他就认捐。他也鼓励他的孩子们养成这种好习惯,勉励他们把工作得来的零用钱捐出来,以示诚意。

虽然,他捐起钱来从不小气,但他从未在自己身上有奢侈的花费。他是个讲求实际的人,这种作风也显示在他家中的布置上。他喜欢阳光,于是,大厦中的窗子全不用窗帘,家具只求实用,颜色也只求自然。他和太太都缺乏艺术感,不会将实际和美感合二为一,所以,他家中的布置便显得生硬和单调。

由上述一些小节,我们可以拼凑出洛克菲勒的生活和个性。我们不难发现,他也像每个人一样有多面的生活和个性,只是因为先天较沉静及后天商场的现实,使他深藏起自己的本性,以致一般人很难接近和了解他。所以,他也无法像历史上其他伟人一样,处处受到爱戴。

然而他能由小职员往上爬到托拉斯制度的创始人,其中所付出的毅力、耐心、努力,又有多少人能与他相匹敌呢?

※ 洛克菲勒中心广场上的雕塑

石油大王——洛克菲勒

工业界的巨兽

托拉斯组织成立之后，洛克菲勒从来没有认为此举对工业界有何影响，他只认为他完成了统一混乱市场的愿望。直到老年，他还沾沾自喜地说："虽然当时我只觉得散乱小厂商互相之间的杀价竞争是一种浪费，我现在才觉悟，知道我们当时是处于时代的转折点，个别竞争做生意方法已渐渐被淘汰，取而代之的应是联营制度。我们公司一马当先地建立了托拉斯，实在是一种革命性的举动，使世界从此改变管理及经营方法，阻止了盲目的竞争，统一了混乱的市场。"

洛克菲勒的托拉斯包括经营油田、控制油管、

※ 洛克菲勒家族

※宾夕法尼亚州

炼油、出产副产品并制造一切与炼油相关的物品。在管理方面，他们控制了内、外销市场，订立业务方针，鼓励发明新产品等。这一切就像一架机器的各个机件，分开时仅是滚动的零件，合而为一时，却是部有效率的机器。

油田方面：洛克菲勒于1887年开始着手购买油田。他开始购买在宾夕法尼亚州及西维吉尼亚州的油田，后来曾大量在俄亥俄州的利玛油田区购买。这一举动是很明智的，使"标准石油公司"在宾州油田减产和中部油田断续开采时，没有受到原油缺乏之苦。

油管方面："标准石油公司"所属的管路，四通八达，西到芝加哥，南到肯塔基，东达匹兹堡和纽约。再加上油管终点站的油库、抽油站、供应修理厂及各地运输站的各种收入，收入之巨令人咋舌！当时管理这部分的"国家通用公司"的资本是全公司资本的1/3，由此可见"标准石油公司"在油管方面也很有前途。

炼油方面：我们早已知道在19世纪80年代中期，托拉斯旗下共有40家炼油厂。多数分布在纽约的布克林（约二十三或二十四家），匹兹堡十五六家，克利夫兰及费城各五六家。规模最大的自然仍是克利夫兰的老厂。各厂产品不同，最重要的当然是"照明油"和"挥发油"。此外，还有润滑油、煤油及石蜡。

最初，当然是燃灯油的市场最大，后来因为内燃机的发明，汽油的销售也开始有了很好的出路。再加上其他的机器发明，保护机器所用的润滑油也开始畅销了。

1870年到1880年间，挥发油和石蜡还没什么生意。"标准石油公司"为了推广业务，就雇人改进当时的炉子，希望借此能为挥发油及汽油打开一条销售路子。研究成功之后的炉子也确实很畅销，再

石油大王——洛克菲勒

知识链接

石　蜡

　　石蜡是从石油、页岩油或其他沥青矿物油的某些馏出物中提取出来的一种怪类蜡，为白色或淡黄色半透明物，具有相当明显的晶体结构。

　　粗石蜡由于含油量较多，主要用于制造火柴、纤维板、篷帆布等。石蜡中加入聚烯烃添加剂后，其熔点增高，黏附性和柔韧性增加，广泛用于防潮、防水的包装纸、纸板、某些纺织品的表面涂层和蜡烛生产。

　　将纸张浸入石蜡后就可制取有良好防水性能的各种蜡纸，可以用于食品、药品等包装、金属防锈和印刷业上；石蜡加入棉纱后，可使纺织品柔软、光滑而又有弹性；石蜡还可以制得洗涤剂、乳化剂、分散剂、增塑剂、润滑脂等。由于动物蜡和植物蜡的资源越来越紧张，现在的蜡烛大多是石蜡制造的。石蜡受热时熔化，蜡烛燃烧时发光、冒黑烟、放热。

　　全精炼石蜡和半精炼石蜡用途很广，主要用做食品、口服药品及某些商品（如蜡纸、蜡笔、蜡烛、复写纸）的组分及包装材料，烘烤容器的涂敷料，用于水果保鲜，电器元件绝缘，提高橡胶抗老化性和增加柔韧性等。也可用于氧化生成合成脂肪酸。

　　加上机器市场的需要，挥发油的生意好是意料中事，石蜡还供不应求呢！1891年洛克菲勒还会命令助手们暂时停止东郡波士顿的炉子和石油的推销，而将石油供应到机器市场去。由此可见，当时的石油市场是多么兴旺。

　　副产品方面：更是数不胜数。洛克菲勒是一个讲求物尽其用的人，所以炼油剩下的残余物，他都加以利用，制成各种副产品。像炼油之后所生产的油脂，用来做润滑剂；残渣提炼成凡士林，它不久就成为美国家庭的必需品；生产制造蜡烛的石蜡，据说英国有很多蜡烛商就专门指定用"标准石油公司"的牌子。美国人怀特也大量购买残渣，制造口香糖。此外，还可做染料、干冰、油漆、去光水原料等。总之，"标准石油公司"陆陆续续地出产了约三百种不同的副产品，利用与卖油一样的推销技术，将这些副产品推广到市场。

我们知道洛克菲勒是很节省的,所以作业的方针也都朝这方面进行。他希望由于托拉斯的组成,使一切均能实现自给自足,而不需要依赖或受到其他市场的牵制。他们自产炼油所需的硫黄酸,抽油用的大型衔筒,运油用的油车以及盛油的木桶。洛克菲勒在其他方面也讲求经济实惠,如果任何人经手做生意拿太多的利润,他马上就会出面干涉。

譬如,最初装油木桶尚未能完全自制时,"标准石油公司"将木桶包给一名叫虎特的厂家做。有一天,洛克菲勒与一员工坐火车,路经虎特家,员工叫洛克菲勒看一幢由虎特建造的华屋时,洛克菲勒说:"你知道这是谁的家吗?这是为我们制桶的虎特先生家。这房子很贵,是吧,我看这位先生是太贪了一点!"回去马上查账,发现他赚得太多,经过虎特本人同意,将他的厂买下,而送他"标准石油公司"的股票。

还有一次,厂内有人提议,不用最上等的木材来做盛油桶的木盆,也不致影响成品质量,但可以省下很多钱,这个提议当然被通过。采买时,洛克菲勒绝对鼓励大量采购,因为可以打折。总之,他常强调做生意要精打细算、谨慎、有远见。这三种

※ 石油开采

信念，也深入每个员工的脑海，成为"标准石油公司"的座右铭。

托拉斯好似一架机器，由许多部分组合而成，每一小部分都要相辅相成，才能把工作做好。所以，没有一部分可以被忽略，这在管理方面是很棘手的事。平时，各部门各自为政，但一有问题时，却需要总公司来解决。行政方面当然报告"执行委员会"；技术方面的难题，先报告"生产委员会"，再请示"执行委员会"。

"执行委员会"决定公司的一切方针。"执行委员会"的委员其实就是管理所有股票的托管委员会委员，他们不但是大股东，也是为"标准石油公司"打下天下的元老。所有营业、财政、产品，内外销市场等各方面，全由委员会订立方案及检计。任何需要经费五千美元以上的工作都必须呈报委员会。他们决定每家炼油厂产油的种类及其配额、市场的价格等。

托拉斯既然包含这么多巨大的工厂，又如何能一一管理？所以在"执行委员会"之下还有各种特别的委员会。这些委员会每天收到无数封由炼油厂、经销商、代理商、推销商等各方面寄来的信件，经过委员们过目整理、分类精选，再反映到"执行委员会"。比如，任何工厂要研究新技术或实验新产品时，大多先报告"生产委员会"，再由"生产委员会"呈交"执行委员会"批准。所以这些特别委员会是联络工厂和行政部门的一座桥梁。

他们更将各部门的生产进度、营业利润的报表全部编号，分给同仁，以使彼此能互相激励。因为所有的文件全是编号的，所以不会引起员工之间的误会。这种方法，可联系全国各地大小的部门，使他们互相了解、互相警惕。

"执行委员会"多半采取午餐会的方式举行会议。起初，在纽约珍珠街总公司举行，后来公司在百老汇买下一间大厦，午餐会就开始规律化地在该处举行了。开会是以讨论的方式来解决困难，洛克菲勒自然是主席。他虽然很尊重他人的意见，但对于每个难题，都希望当事人能把事实交代清楚。如果讨论之后，尚有疑惑之处，他决不仓促做决定，大家必须再深入探讨。讨论结束时大家都很自然地转向洛克菲勒，请示他的意见。因为他的明智和经验，他才是裁夺决策的适当人选。由此，我们可得到一个大概的情形，即托拉斯虽庞大、虽分散、虽独立，但它们仍受制于纽约总部，因为这样才能使得大家方针

※ 洛克菲勒与孩子

一致、步调一致。

　　账目方面，严密的查账制度控制了所有机构。这一制度是由细心的维拉斯建立的。每三个月，总部派员到各分公司、各部门核查各种账目，从成本到售价，从投资到红利，没有一项能逃过核查人员的眼睛。曾有主管觉得每三个月查一次太麻烦，请示洛克菲勒改为半年一次，却被洛克菲勒拒绝了。这个制度是使托拉斯能平稳运行的原因之一。

　　洛克菲勒知人善用，他对员工都是很优厚的，他主张起用新人，不断地录用有才干有抱负的年轻人，给他们适当的环境和机会施展才华。他公司的待遇也偏高，每年还有红利，如果对公司做出有利之事，要求加薪也往往是被接受的。当任何职员到别的地方出任新职，洛克菲勒一定命令当地公司帮助他。洛克菲勒也鼓励行政方面的人员雇用平常人来做琐碎呆板的工作，而本身则加入更富创造性的行政工作。他反对员工有任何不正常的生活。例如亚格博酗酒，他就要亚格博每个礼拜给他一纸证明，证明他上星期滴酒未沾。这样持续了三十二个星期，他终于帮助亚格博戒了酒。

　　因为洛克菲勒本人勤快，热爱工作，所以他决不允许任何员工偷懒分心。哪怕是"执行委员会"的委员，如卡麦登选上参议员后，也怕分心而离开了"执行委员会"。对外来说，洛克菲勒虽称霸商场，对内来说他却是非常厚待员工的。

　　洛克菲勒是商场上的天才，他确实有一套很完整的制度来推动这么大的一个联合企业。虽然，在技术及管理方面，他非常得心应手，但令他头痛的一环，却是市场的管理和控制。"标准石油公司"虽然号称垄断市场，但它从来没有百分之百地扫荡炼油业市场，清除所有对手。从十九世纪七十年代至九十年代，它们总是只占了全部市场的

石油大王——洛克菲勒

百分之九十或八十的生意，从未百分之百地垄断市场。

"标准石油公司"的"执行委员会"着力压抑小的、独立的炼油厂，使其生产量永远不超过全市场的五分之一。压抑的手段有二：

一是"标准石油公司"在运输方面比独立工厂条件优厚。它们不但自己有油管输送原油，而且与铁路公司一直保持良好的关系，尤其在1887年《洲际商业协条》成立之后，他们也不再拿回扣，铁路公司更怕失掉这么一个大客户，而"标准石油公司"总是要铁路公司保证，不可过分优待独立厂家。铁路公司当然不愿随便得罪这个大客户，虽然偶尔有让独立厂家低价运油，但也很谨慎地不让小厂家在运费方面得逞。

二是控制市价。当与独立厂商在销售市场上竞争时，托拉斯就全面性地跌价，使小厂商在竞争中下跌至亏本甚至倒闭，等到托拉斯将倒闭的厂商买过来之后再回升价钱。有几家厂商就是在这种情况下被买过来的。但这也不是一个十全十美的办法，因为大公司的产量大，一旦跌价就会使得收入全面减少，同时，大公司开销也大，如果收入少，是否真的划算呢？洛克菲勒和他的助手考虑得很多，他们想小公司多半狡猾，万一他们在大

※ 美国石油运输管

※ 石油现今已成为人类能源的重要来源

公司杀价之前，先赚一笔，等到大公司开始杀价之后，他们又紧缩市场，停止作业。一旦大公司跌价跌疲了，再把市价拉起来的时候，他们又恢复作业。所以洛克菲勒若非十分有把握，不会随便命令手下杀价。如此一来，市场内的小独立工厂就无法肃清，他们分布各处，常常像小人国的小人一样冷不防地给大公司来上一击。他们固然有些是为了想在炼油业争一席之地，但也有许多独立的小公司知悉"标准石油公司"多半会优待合并的小工厂，给老板利润丰厚的股票。于是，他们常故意在市场上攻击"标准石油公司"，尽量使他们难堪，渴望托拉斯在厌烦之余将他们买下，也好赚进一笔股票。

既然杀价无法消减所有的竞争者，"标准石油公司"只好用其他办法来进行抵制。这个办法并不简单，就是每当有独立公司要将石油销到"标准石油公司"地盘时，"标准石油公司"的代表多半小心翼翼地观望，如果有人想抢地盘，或太露锋芒，则"标准石油公司"就会跌价，否则，"标准石油公司"多半会为了维护自己的利益而不跌价。所以跌价与否全靠每天买卖的行情和独立公司的产量和运输量等而定。分销商和零售商都无法预先知道价钱，只见"标准石油公司"一下子跌，一下子不跌，再不然跌了又回升，常弄得独立厂商糊里糊涂无法随意地进攻市场。自始至终，洛克菲勒总是高唱"低成本，大市场"，他是薄利多销的忠实信徒。

但是无论市场多广阔，洛克菲勒始终没有肃清敌手，因为"标准石油公司"的代理往往情愿让小厂商在地盘内赚赚小钱(也有积少成多致富之人)，也不愿降低价钱而减少收入。这个方法固然能维持公司的收入，却无法完成垄断市场的宏愿了。"标准石油公司"就只好妥协在已控制四分之三的市场里，如果永远以大吃小，以不公平的姿态出现于商场，也往往引起世人的误会和不满。而托拉斯这个制度却一直影响着世界工业。

石油大王——**洛克菲勒**

海外斗法

罗德·贝根曾说:"不是罗马人为世界铺路,而是世界替罗马人铺路。"同样地,"世界也为石油铺路"。

在开采油田的头一二十年,人们只想到石油最多只能用来照明,除此之外并无多大用途。但是等到第一架动力机器出现以后,石油从此摇身一变,由不重要的地位爬到不可或缺的地位,因而使洛克菲勒的财富也滚滚而来,上升到他自己也没有想到的程度。

1882年到1883年,托拉斯成立上轨道之后,"标准石油公司"开始着手在油田上发展。因为当时东部的油田渐渐衰微,若不是利玛油田马上接着开采,必然无法在青黄不接的时代满足海内外市场,美国也很可能就失去外销的市场,也可能会减缓工业上的进展。虽然,远在西部与南部有大量藏油地带,但在19世纪80年代很少有人肯去那么偏僻的地方试运气,所以多半不信这一说法。

虽然利玛油田的开采在日后有以上许多好处,但买下它

※1928年洛克菲勒成为《时代周刊》封面人物

※ 海上油田

时并非是十分完美的。洛克菲勒在开始他的石油工业时,根本不赞成买油田,认为风险大,过去因为常常开采,导致石油生产过剩而贱价滥卖。后来,他想到宾州一带的油田总有用完的一天,所以干脆自己开采油田。不幸的是,利玛油田的油质并不好,里面含有硫黄的成分。但是洛克菲勒并没有因此气馁,还是决定大量开采。乍看之下他的魄力实在可佩,其实他也精密地考虑过。开采的原因有三:

一是宾州油田区无法永久供油。

二是利玛地区不在黄金地带,出产的油又是质劣的"酸油",所以售价很低,如果能想办法改变其质地,将减低许多成本费用。

三是洛克菲勒非常想请专家研究改变质地的方法,他觉得这是他事业上的一大挑战。

在发明改变质地的办法之前,洛克菲勒仅命令将开采的"酸油"成千上万桶地贮存起来。不久,他选中了在1877年就开始为他改善汽油及副产品品质的法斯克。法斯克曾远赴加拿大的炼油厂实习,因为该厂也提炼酸油,而他终于在1886年左右发明了消除硫黄的方法,并

石油大王——洛克菲勒

试验成功。"标准石油公司"随即买下他的专利,在波顿博士等人的协助下,开始提炼原油。他提炼的过程中是用氧化铜来沉淀硫黄,因为专利的关系,"标准石油公司"享有十七年的专利权,这使得其他公司只能利用价钱较贵的氧化铅沉淀法。

为了方便炼油,洛克菲勒便在利玛当地新建了一间炼油厂,并开凿油管,向南芝加哥输送。开始时,油管输送有臭味的燃料油到芝加哥的各钢铁厂,因为臭气熏人,引起芝加哥居民不满,使得他们开会反对。再加上芝加哥的税高,人多地少,不是以后发展炼油业的理想地区,所以,"标准石油公司"不再动芝加哥的念头,而转到印第安纳州边境一带想办法。终于,他们找到一块除了猎人外甚少人光顾的荒野平地——怀庭。"标准石油公司"的代理,选择了一块火车铁路经过的地带建厂。1890年,工厂正式成立,是一个规模相当大的工厂,每天可炼两万四千桶原油。这个厂的产品研究工作全落在波顿博士身上,日后他发明把石油再精化为汽油的方法,使他成为印第安纳州"标准石油公司"的总经理。

怀庭工厂起初专产煤油、汽油和挥发油,后来,又制造石蜡。渐渐地又增加制造润滑油及各种副

※印第安纳州议会大楼

※ 石油存储

产品的设备。最后，更增设制造油桶的相关工厂。该厂的产品直接或间接地供应中西部、北西部及远西部，甚至亚洲市场。开始时生意很令人满意，但到1873年不景气时代来临之时到完全不景气时代，其间的成绩较差。

由克利夫兰时代到怀庭时代，回顾洛克菲勒集团的收入，也是一件趣事。早期，公司所有的收入均依靠单纯的炼油业；中期，"标准石油公司"开始经营油管及油库生意，收入范围增广；到了后期，油田及销售大市场成了主要收入来源了。

"标准石油公司"在后期的丰收，实在应该感谢机器的发明和海外市场。（虽然早在1867年的巴黎展览会上就出现了一架小的内燃机，也许这是世界上第一部机器。）以后，不断地有新的研究、发明与创造涌现。

1876年，奥图博士发明了今日固定动力的汽油引擎的前身。1885年，宾士将第一个引擎装到三轮车上。但是，直到19世纪八九十年代发动性质的内燃机才真正地大量影响到石油工业。这些发动机不但可以推动车子、轮车，还可以推动各种代劳的机器以

石油大王——**洛克菲勒**

节省人力。从此,时代改变了。等到20世纪初,汽车工业兴起之后,不但整个世界从此改观,"标准石油公司"的业务也跟着迅速拓展。

这是19世纪九十年代以后的事了。那么在19世纪八九十年代,"标准石油公司"的市场又是如何的呢?自从托拉斯建立之后,"标准石油公司"在美国国内的市场一直是名列前茅的。至于国外市场呢,早在19世纪70年代,洛克菲勒集团的石油已征服西欧及亚洲,几乎一家独占了整个市场。到19世纪80年代,俄国出来平分秋色。到19世纪90年代,又有缅甸及荷属东印度群岛出来竞争市场。虽然如此,"标准石油公司"向海外的运油量还是有增无减,在19世纪90年代,从每年外销三亿多加仑增加到七亿多加仑。

洛克菲勒集团如此横霸海外市场也自有其道理:第一,他抓住了所有外销生意,使小独立公司根本无法插足。因为他工厂多,产量大,运输量大,所以随时可以包船运货,指定送货交货的时间地点。这是小工厂没有办法做到的。因为他们产品少,无法包船,当然就无法指定交货的日期了。再加上19世纪80年代俄国也加入市场,非得跌价才能抢到生意,像洛克菲勒集团产量大,尚可用薄利多销的方法竞争,小公司就只有干赔的份了。所

※二十世纪最初的十年里,由马力转变为"马力",石油的市场开始扩大

※ 洛克菲勒画像

以,小公司根本无法与之竞争,只占全部外销量的百分之零点六一。如此,洛克菲勒集团先稳定了国内市场的竞争,第二步再在海外展开攻势。

他们在海外经营的办法是在各地设立代理公司,有独资的,也有与当地人士合资的。这种代理公司遍布世界各地,包括印度、加拿大、英国、丹麦、德国、比利时、意大利等。这些代理公司平时各自为政,到了有政策上的问题时就反映到美国纽约总部的"外销委员会",再由"外销委员会"开会讨论,而由洛克菲勒兄弟做最后的决定。

除了外销欧洲,"标准石油公司"的石油还点燃中国、马来亚、印度、新加坡、马六甲、缅甸、锡兰等地的油灯。虽然销路很好,但生意得来也不易。他们在1885年至1914年曾奋力地与俄国抢市场。

洛克菲勒集团用四种手段来与俄国斗法:

第一,在各地开设代理公司,发展有潜力的市场。

第二,利玛油田原油的成本低,有跌价的本钱。

第三,发明用油轮运油,提高效率。

第四,有完善的分销系统,比如拿英国来说,就有四大分销站,每站的贮存量起码可以供应市场四个月的销售。

19世纪末,"标准石油公司"在英国就有约三百个贮油仓库,用六百辆运油车来往运送。这样设想周到的销售组织自然是会成功的,"标准石油公司"就这样在海外市场战胜了俄国,遥遥领先。"标准石油公司"虽然沾沾自喜,但点燃了海外人士的怒火。

恶意的舆论

洛克菲勒在国内名誉一直不好,人们往往把他看成资本主义的代表,以大吃小的首创人。这个恶名在1885年左右很快就传到国外,国外的报纸杂志也开始攻击他。洛克菲勒身为商人何以如此引起舆论界的注意呢?

这又要回溯到19世纪七八十年代的"促进南方繁荣公司"时代和合并时代。在洛克菲勒支持"促进南方繁荣公司"时,各界早已对他不满,认为他想独占炼油业。到1879年,一个调查铁路公司歧视小客户及其他漏洞的"赫本调查小组",在执行任务时,对"标准石油公司"也顺便审查。结果翻出很多对该公司不利的证据。虽然公司大部分的高级职员(如亚格博、吉维特等人)都守口如瓶,但调查小组仍由其他人的口中得知"标准石油公司"合并其他公司,与各铁路公司勾结分摊生意,并限制他们与独立商人来往等事。调

※ 纽约洛克菲勒中心顶层观景台

查小组毫不留情地马上开始数落该公司的罪状。他们说"标准石油公司"与铁路公司共同违反了铁路的经济和社会道德，指明"标准石油公司"是最典型的铁路歧视案件的例子。他们指出自从"标准石油公司"控制铁路公司之后，"铁路公司"在运油方面是做亏本生意，所以只好在其他方面寻求补偿，因而间接地伤害到其他的铁路客户。这种指责马上使全国的人认为洛克菲勒是不法商人，连纽约著名的《航业与商业》期刊上也如此地形容他。

除了报纸杂志有形有色地描绘该公司的黑暗之外，还有许多受害人出来作证，把事情弄得更加戏剧化。比如有一位在克利夫兰的白克斯太太，丈夫生前也是做润滑剂的生意，当时"标准石油公司"并不强调润滑剂的销售，所以跟这位白克斯先生相安无事。等他死后，由他的遗孀白克斯太太继续经营。不久之后，"标准石油公司"就开始开拓润滑剂市场，在1878年买下白克斯太太的工厂。白克斯太太觉得自己的厂值二十万美元，却被"标准石油公司"以七万九千美元的价钱购得，连她恳求要保存一万五千美元的股票也被拒绝，将之买断。她就对人说："洛克菲勒欺侮我一个孤寡！"后来，经她大伯及友人出面调解，再度解释成她估价错误。该公司应只值十五万美元，工厂值七万一千美元，其他存货等物值七万九千美元。而"标准石油公司"却认为工厂只值六万美元，存货值一万九千美元，其他白克斯太太自认价值六万美元的东西，"标准石油公司"不要。所以，实际上"标准石油公司"的估价也差不远，差不多有十三万九千美元，只比原来少一万一千美元。洛克菲勒只好再出一万美元以平息事件，并感谢她的大伯——白克斯先生。洛克菲勒说："这桩事件中，白克斯先生的关心很令我感动。他不愧为我公司的一名好伙计，我年轻时教会中的好伙伴。"

报纸杂志等同业如此地攻击洛克菲勒的原因很多，最主要还是洛克菲勒太成功和正逢经济不景气的时代。当时，一般人民生活困苦，财富都掌握在少数人手中，大众当然愤恨。再加上文学家和思想家提倡反对资本家，追求乌托邦思想与不屈服于现实的生活，民众就更加注意大财团的行动，以致有人专门研究洛克菲勒和"标准石油公司"，以备着手揪出他的黑暗面。

这个人叫亨利·罗埃得，是个激进、文笔锋利的年轻记者。1880年，他读到一篇有关于赫本调查案

石油大王——洛克菲勒

知识链接

《大西洋月刊》

《大西洋月刊》1857年由波士顿的M·D·菲利普斯创办。11月，第一期《大西洋月刊》出版，自称为"一本有关文学、政治、科学与艺术的杂志"。它在创刊宣言中这样写道："在政治领域，《大西洋月刊》将坚持无党派、无偏见原则，但不管如何，人们都将确信它是美国理想的代言人。它会坦率地同任何人物与党派接触，但其观点会超越狭隘的党派与个人偏见。这种态度将是真理与持久繁荣的根本。它拒绝将自己置于任何派系中，但它将永远会与拥戴自由、国家进步、荣誉这种信念的人在一起。"这一年，铁路还没有贯穿美国；达尔文的《物种起源》两年之后才发表；林肯总统四年之后才上台。

今天的《大西洋月刊》已经成为美国最受尊敬的杂志，同时也是美国著名的保守派杂志。它的发行量达到了47万份，每期有120万人在阅读，是"美国国家杂志奖"无法错漏的名字。伴随着《大西洋月刊》成长的，是美国文化与美国理想的觉醒，是美国霸权地位的逐渐产生。

今天的世界比起一百六十年前庞杂得多，《大西洋月刊》所需要关注的问题也呈爆炸性增长。但有一点它似乎一直在努力坚持——对于任何事物采取一种超然、充满智力性、幽默的、有艺术感的态度。

及铁路公司的报导，就开始着手搜集资料，终于写了一篇《垄断者的内幕故事》，登在1881年3月份的《大西洋月刊》的首版上。这篇文章立即引起了极大的轰动，令全国上下议论纷纷。该刊物不但在美国国内七版售光，还流传到国外（伦敦的《铁路新闻》专门印了许多免费的副本送给英国的商业人士）。

在国内，罗埃得的这篇报导刊出得正是时候，因为当时小厂家多半被大企业吞食；农夫们要与国外的农夫竞争，政府又不加以保护；工人没有工会组织，只有盲目地生活。总之，除了大工业之外，几乎百业萧条，小市民们不禁怨气沸腾。到后来，有钱商人又控制了司法界，民众更觉得前途惨淡，黑暗遮天。这篇言词激动、指责严厉的报导引起一般民众的共鸣，为他们

※洛克菲勒迅速积累了大量财富，同时也遭到了无数人的怀疑与指责

道出心中怨恨，因此杂志狂风似的畅销，以至人手一卷，使得垄断者预测到风暴即将来临。

　　文章内容其实有许多夸大不切实际的地方。但当时人民心情都很激动，谁也没有心思去查证，大家完全接受作者的看法。作者指责"标准石油公司"用低价的原油提炼，却高价卖出，增加每个家庭的负担。他估计每加仑的煤油应该卖一毛一，而"标准石油公司"却卖一毛九分多，如果一个年收入八百的家庭一天用一加仑，一年大约要捐献三十多美元给"标准石油公司"，这是他们全部所得的百分之四了（事实上在1883年，"标准石油公司"每加仑只赚了四分多而绝不是八分）。他还重提"标准石油公司"与铁路公司勾结，排挤小厂，使之无法低价运输而只好任由大公司收买，在合并同业，消除竞争之后，又再回升价钱，影响民生。而后，再拿由人民身上榨取而来的钱财去疏通报界、政界甚至法庭。他觉得地方法庭是无法管住"标准石油公司"的。于是，他建议用中央政府的权力来关起这只工业界的猛兽。

　　这篇文章中的攻击有如雪球般愈滚愈大，更使得到处都有人要"整"

石油大王——洛克菲勒

这个财团。例如，宾州在1880年收税时，就要征收"标准石油公司"于开始在宾州置业到1880年底所有工厂（包括不设在宾州的工厂）的收入及红利的税，而在不知他们有多少分公司的情形之下，随便估计了一个数目——三百二十万美元，命令他们缴纳。"标准石油公司"自然大力反抗，只肯缴纳建立在宾州各工厂的税务，而拒缴在他州实业的税务。他们并强调这种缴税法一定会破坏洲际之间的通商行为，但宾州税局并不肯妥协，于是闹到哈利斯堡的法庭上去。"标准石油公司"口气强硬，他们说如果州税局一定要强迫，他们就将工厂搬走，生意带走。法官听后，判"标准石油公司"胜诉，把三百二十万美元的税降到三万三千多美元。后来再上诉到宾州最高法院，又获胜诉，只需缴两万一千美元。由这场官司可以看出洲际之间的商业条例已赶不上时代的发展而面临挑战。

缴税事件又引起大众猜测"标准石油公司"的利润和洛克菲勒财产的骚动，免不了又要舌攻笔伐一番。但是"标准石油公司"永远保

※ 宾州俯瞰

※ 随着洛克菲勒公司财富的剧增，人们甚至将其公司比喻为八脚章鱼

持缄默，不辩护的原因有二：

一是洛克菲勒本人不喜与人辩白，他认为只要为自己理想奋进，争辩是无用的。他不但自己从不与人争论，更不允许下属出来辩护，久而久之就变成一种习惯，整个公司都以沉默来面对攻击了。

另一原因是因为他们确实做了法律或人民所不容的事，比如自建托拉斯、控制价格、拿铁路公司回扣等等。只要他们一开口，就会引出许多问题，而任何一个问题都可能会牵涉到上述的事件中，所以公司的政策就是保持沉默，一问三不知，样样不答，事事不知，叫任何人也摸不清公司的底细、营业的情况。唯一的影响就是人们心目中的洛克菲勒是罗埃得及其他攻击者笔下的洛克菲勒而非他自己了。

当时写文章攻击"标准石油公司"的不止是罗埃得一人，几乎每个星期都有一两篇。有的甚至将公司形容得不堪入目，将它称为八脚章鱼。在这种恶意的气氛之下，洛克菲勒仍带领着他的下属，默默地为他的理想而继续奋斗。

通往慈善之路

◇ 图 说 名 人 ◇

教育子女平民化

在19世纪70年代初期到19世纪80年代初期，洛克菲勒家族冬天到纽约时都是住在旅馆里。回克利夫兰时，则住在森林山庄的房子里，有时礼拜天也到尤克利得街的老家过星期天，或者在春秋两季各去住两星期。直到1884年，他们才决定在纽约买房子，在西五十四街，花了六十万美元买了一幢四层楼（有地下室）的砖房，这房子虽可称大厦但仍不够华丽。四周有些小的空地，洛克菲勒在旁边又多买了一块空地，可做花园。房子本来是属于一位有钱的太太，洛克菲勒夫妇为了方便，就连家具和装饰也一起买下来了。

洛克菲勒很喜欢溜冰，所以利用纽约房子旁边

※ 洛克菲勒广场的雕塑

名人名言

我确信，有大量金钱必然带来幸福这一假设是错误的。极富的人幸福是来自能做一些使自己以外的某些人满意的事。

——洛克菲勒

的空地造了个小小溜冰场，专门供孩子们和客人玩。楼下地下室里也经常放了上百双朋友们的溜冰鞋，供访客随时去玩。在冬天的晚上，辉煌的灯火和在冰上穿梭嬉笑的客人，编织成一幅快乐的画面。清晨，却多半只有洛克菲勒一人悠闲地开始他一天的运动。

五十四街的房子曾招待过许多洛克菲勒的亲人、教友、慈善家及同仁们。同仁们多半早晨来吃早餐讨论公事，然而这房子却没有招待过社会名流或达官显要。原则上，洛克菲勒是不喜欢交际应酬的。他的生活很简单，只来回于家庭、办公室和教堂，很少举办大宴会，也不喜欢参加外面的应酬，更不常去看戏、听演奏会。若要听音乐多半是在家中听，所以私生活很平淡，唯一的嗜好就是做些户外运动，如开车、溜冰、游泳和日后爱上的骑马。

在衣食方面，洛克菲勒就更随便了。他不重穿着，虽然穿得干净，但不爱添置新衣服。吃饭更不挑食，最喜欢吃面包喝牛奶，不喜欢吃热食。他与家人共餐，往往让家人先吃。他还喜欢吃苹果，每天睡前必吃一个，在他卧室的窗台上常常放一纸袋的苹果。因为他不讲究吃，所以家中的饮食也很普通。

洛克菲勒不但生活简朴，而且热爱家庭。他与太太相敬如宾，对孩子们也十分爱护。日后他的儿子说："我从来不记得爸爸或妈妈大声地叱责或抱怨我们。"但洛克菲勒也不骄纵他们，为了锻炼儿子的身体，洛克菲勒命令他在冬天的早上像森林山庄其他人家的孩子一样，起来砍柴、烧柴和做些杂事。他要孩子们学着用劳力赚钱，赚了钱之后，不但要他们知道金钱得来不易，还要教他们用得正当，往往命他们将自己用劳力赚来的钱去接济穷人。由这点可看出洛克菲勒的教育观。久而久之，孩子们也养成勤劳、节省的习惯。有一小段故事，可以说明。

洛克菲勒的长孙年幼时，见邻居买了一艘船十分羡慕，说了不少羡慕的话，小朋友就对他说："你也去买一艘好了！"洛克菲勒的长孙惊讶地反驳："你以为我们家是什么人啊，又不是大富翁凡登皮尔！"可见洛克菲勒的儿子也将传家的美德教给他自己的儿孙。

洛克菲勒疼爱儿子，早年就送他去学校读书，并要求他用功、勤勉。他学业顺利，十九岁就念完预科，进入布朗市大学就读。老父爱子心切，望子成龙。平常，他是个拘谨不善言辞之人，所以爱心都在信中流露出来：

石油大王——洛克菲勒

"你要知道,你尽责和满足的表现就是报答父母给你爱的最好表示。我无法告诉你,我每天看你健康快乐,以及为我延续生命的那种希望是多么令我快乐。我希望你,也依赖你与我携手为这家族共创事业,只等你学业一旦完成,让我们即刻全力以赴吧!"

洛克菲勒的三个女儿就较为依循传统,小时候在家接受教育,后来送到女子专门学院去念书。唯有大女儿贝丝曾去华莎女子学院修课,老二伊迪丝专攻语言学、艺术和音乐,老三亚尔塔虽然听觉较差,也学会唱歌弹琴,并热心于教会服务。在克利夫兰的意大利人区,她建了一个收容院。在纽约,她活跃于圣路克医院,并办了一所女子缝纫学校。

大女儿贝丝是第一个谈论婚嫁者,她与青梅竹马又是世交的查理士·史强于1889年结婚。公公是一位教育家,她的先生攻读哲学,日后成了有名的哲学教授。他们婚后曾到欧洲度蜜月,婚姻生活一直很美满。不幸的是,不久之后贝丝身染痼疾,久病于床。

由于家庭生活的美满,洛克菲勒在事业上及社交上更是无后顾之忧。除了公司及生意上的忙碌,他还参加了俱乐部。一个是驾驶俱乐部,另一个是工会联盟。其他的时间多半花在教会活动上。因为他在社会上的地位和对公益的热心,洛

※ 洛克菲勒长孙和新娘的结婚照

克菲勒自然成为克利夫兰及纽约两地基督教浸信会的领袖。

知识链接

浸信会

浸信会（Baptist Churches，又称浸礼会），基督新教主要宗派之一。大约产生于16世纪的英国，以宗教宽容主义为背景，以格鲁希乌和斯宾诺莎的思想作为神学和哲学理据，是在圣公会拒绝了宗教统一的大背景中产生的。浸信会反对给儿童行洗礼，主张教徒成年后方可受洗，且受洗者须全身浸入水中，称为"浸礼"，故名。

浸信会信仰的特色可以用七个英语短句表达，而其每一句开头的字母拼起来刚好是BAPTIST（施洗者约翰，施洗者，浸信会教友）。这七个英文短句是：

1. Biblical authority 认识和肯定《圣经》的权威
2. Autonomy of the local church 自主的地方教会
3. Priesthood of the believer 信徒皆祭司（信徒都是人人平等的）
4. Two ordinances – Believer's Baptism and Symbolic Communion 两种教会礼仪——信徒的浸礼与纪念性质的主餐
5. Individual soul liberty 人有上帝所赐的自由意志来选择他的信仰，但人也要对自己自由意志的行使负责任
6. Separation of Church and State 政教分离
7. Two offices of the church – Pastor and Deacon 牧师和执事作为教会仆人的职分

各方的浸信会并不受一个中央的总会管理，而是各自独立、自主和自治。浸信会传入美国后，自1836年起派传教士到中国（1836年9月17日，叔未士牧师及叔何显理女士夫妇从美国抵达澳门，成为来华的第一位浸信会传教士）。1845年，美国的浸信会分裂成美南浸信会和美北浸信会。目前存在于各国及地区的浸信会联会（例如：中华基督教浸信会联会、香港浸信会联会、马来西亚浸信会联会等），并不是管理各地方浸信会的组织，而是由各地方浸信会自由加入，目的在于协调其共同推动。

石油大王——洛克菲勒

捐建芝加哥大学

宗教信仰将洛克菲勒带往慈善事业。虽然在19世纪80年代末期，洛克菲勒的收入与捐款不成正比（收入达一千三百多万美元，而捐出仅十几万美元），但是他仍默默地在此路上摸索，希望将他的钱有意义、有成效地用出去。所以他有他捐钱的原则：

第一，若捐给学校，他拒绝捐助校舍的兴建及日常花用，而要把钱放在学校的基金上。

第二，他不喜欢任何学校或组织将所有的经费

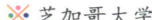
芝加哥大学

知识链接

19世纪美国的高等教育

19世纪，美国高等教育的办学形式、学校类型、课程设置、教育规模等方面产生了重大变化，主要有五个特点。

1. 办学形式上，以私立为主，私、公兼有。19世纪初，马萨诸塞、纽约等州曾试图把一些私立的学院改建为州立大学，但这些计划都落空了。1819年达特茅斯诉讼案强调了私立大学的合法性，鼓励了大批私立院校的成立。同时，一些州政府也开始纷纷设立州立大学，但私立院校仍占多数。据统计，1860年，全美有高等院校180所，其中州立66所。南北战争后，这些州立大学约半数夭折，于是以私立为主的局面一直延续下来。

2. 高等院校数量大增，但规模较小。18世纪末，全美仅设24所大学，1885年上升到300所。但无论是传统的私立院校，还是新设立的州立大学，规模都很小。例如1841年，密歇根大学开学时只有教授两人，学生六人。20世纪以后，学校规模才日渐扩大。

3. 取德国经验，建立学术型大学。19世纪，大批美国人赴德留学或考察。回国后，塔潘、埃利奥特等学者竭力提倡按德国的传统办学。1876年，以学术性研究为主的霍普金斯大学建立，它在全国首创研究生院。此后，哈佛大学、耶鲁大学、哥伦比亚大学等都以德国为榜样，向学术型方向发展。

4. 允许女子进入高等院校。18世纪，女子是不能进入高校的。19世纪20年代以后，美国出现了一批女子学院。19世纪末，各大学向女子敞开大门，高等教育不再是男子特权。

5. 农工学院兴起。1820年，美国第一所农业学校为缅因州的加德纳职业学校。1862年，林肯总统批准了《莫雷尔法》。此法规定，联邦政府按各州在国会的议员人数，拨给每位议员三万英亩的标准向各州拨赠土地，各州应将赠地收入开办或资助农业和机械工艺学院。大多数州都将赠地收入用来创办农工学院或在原有的大学内附设农工学院。农工学院的发展开创了高等教育为工农业生产服务的方向，改变了高等教育重理论轻实际的传统。

19世纪，美国的高等教育制度的建立为20世纪的高教发展奠定了基础。

来源全放在他身上。

第三，当他发现所捐赠学校、机关和医院的钱都未被好好利用，使他十分失望时，便转而将钱投入有组织的社会团体，像浸信会教育团体就替他安排了很多项真正需要的捐款。

第四，他每次都希望他的捐献是一种抛砖引玉的行为。

第五，除非受益人能证明该项捐款将用入正途及用得经济有效率，否则洛克菲勒是不会轻易允诺捐赠的。

可见，洛克菲勒即使捐款也不忘经济的原则。虽然他捐钱时开出五大条件，但并不喜欢以捐款名义出风头，他往往是用匿名的方式去捐的。

洛克菲勒深信一句名言："少许的钱财带来自由，过多的财富带来苦恼。"当他的财富直线上升，各处的人们都对他纷纷要求，他一面要把握原则，一面又想帮助市民，却往往无法两全其美，变成有钱也难送的局面。所以洛克菲勒很头痛，希望把钱聚起来好好地贡献给社会一些具体有用的事情上。在1885—1890年间，洛克菲勒一年的红利约有一千五百万到两千万美元，而每年捐款才三五十万美元，所以人们议论纷纷，他自己也觉得应该多做善事。于是，兴建大学的念头萌生了。

※ 洛克菲勒大厦

1890年之后，因为社会进步，生活安定，人们求知欲增强，于是一口气创办了好几所大学，如斯坦福大学、克拉克及芝加哥大学。因为洛克菲勒总觉得自己捐款的方式太零散，所以考虑到教会人士的建议——兴办学校。建立大规模的学校，提高社会的素质，设立一所大学完全可行。建议的人又分为北、西两派。北派的首要人物是洛克菲勒的亲家史强先生，他主张洛克菲勒在纽约创建一所由浸信会管理的大学。西派是古特史壁先生、凯特先生和哈珀先生，他们三人主张在西边的芝加哥设一所学院。史强是个理想崇高但与现实有些脱节的读书人，他建议洛克菲勒在纽约设一所研究院类型的高等学府，聘请一流师资，招收精华学生，再加上永不枯竭的基金，让这些天资优秀的学生不必忧愁学费，全心全意地学习，为社会训练出领导人才，而将美国文化带到更高的境界。他要求洛克菲勒捐两千万美元开创这间理想学府。洛克菲勒三思之后，觉得史强太理想化，他认为美国社会当时还没有发展到那一步，社会不需要这种高等学府。反之，洛克菲勒认为美国当时需要较普遍化的学院，能使一般人受益。结果，洛克菲勒没有即刻答应亲家的要求，将办大学的事搁了下来。

洛克菲勒因为捐款给摩根派克神学院，而与古特史壁常有书信往来，并由此而认识年轻聪明又有魄力的哈珀先生。他更由两位处得悉神学院的事情，原来神学院与老芝加哥大学相关，但因资金不足，已渐走向结束的道路。正当大学负债累累之时，又传来老芝加哥大学的名教授哈珀聘于耶鲁大学的消息。因此，于1886年，更加速结束了芝太短暂的命运。就在此关键点，浸信会开了一次会议，讨论如何挽救

※耶鲁大学内的建筑

石油大王——洛克菲勒

知识链接

洛克菲勒与一角钱

美国著名的石油大王约翰·洛克菲勒，与摩根、卡耐基并列为美国19世纪的三大富翁。

洛克菲勒一生有两个愿望：一是要赚到十万美元；二是要活到一百岁。结果，他一生至少赚进了十亿美元，还享有九十八岁高寿，他捐出的慈善总额就高达五亿美元以上。

虽然他捐款数目众多，但他日常花费十分节俭。有次，他下班想搭公车回家，缺一毛零钱，就向他的秘书借，并说："你一定要提醒我还，免得我忘了。"

秘书说："请别介意，一毛钱算不了什么。"

洛克菲勒听了此话严肃地说："你怎能说算不了什么，把一块钱存在银行里，要整整两年才有一毛钱的利息啊！"

还有件趣事，洛克菲勒习惯到一家常去的餐厅用餐。餐后，每次都会给服务生一毛五分的小费。可是有一天，不知何故，他只给了五分。

服务生不禁埋怨地说："如果我像您那么有钱的话，我绝不会吝惜那一毛钱。"

洛克菲勒笑了笑说："这就是你为何一辈子当服务生的缘故。"

各大学及神学院的命运。会中出现了一个注重实际、善于分析的教士，他就是日后芝加哥大学创办人之一的凯特先生。他在会中被选为执行秘书之后，发表了一些很好的建议。他主张由他拟稿，写一份调查表格，寄往各地的教会，看社会和教会真正的需要所在，再着手兴学。

经过统计研究之后，凯特下结论说，应该在芝加哥大学的旧址先开办一所有实力的学院，再慢慢扩充成大学。因为他认为中西部及大平原区上的各大州居住的都是浸信会基督徒，但在那么广阔的一片土地上却没有一所像样的大学，所以他建议浸信会把所有富裕的教友聚集起来，一起创办一所好大学。不久，1888年，浸信会的教育团体在华盛顿开会,一致通过凯特先生的建议,兴创大学的事终于展开了。

在筹备初期,洛克菲勒就知道他再也不用愁捐款的事了,这间大学的事会令他忙一阵。他看中昔日芝大的名教授,他认为只要哈珀出马,就已成功了一半。此外,他仍徘徊在办大学与办学院之间,拿不定主意。他私下是想由小慢慢办到大的,于是凯特想了个好办法。他主张洛克菲勒先办一个小学院,让哈珀一面在耶鲁教课,一面指挥筹备工作。等小学院稳住脚步,再扩建成大规模大学,届时就有理由请名教授来芝城主持教务了。洛克菲勒的反应并不十分热烈,只写了封信给哈珀,告诉他在短期内,芝加哥最好先办小学校,慢慢再扩大。

凯特急着想要洛克菲勒给他一个承诺,于是忙着找他谈论。正好那天洛克菲勒与凯特同路,共搭一辆火车。凯特日后对该程的火车描述得很生动。他说:

"我一心一意以为上了车,就会有一篇长谈,然后决定政策方针。但一上车,我又不好意思急着开口。我想,当然应该让这位标准石油公司的老板先提,我不禁对此人打量起来。我注意到洛克菲勒的衣着,他穿得十分干净,虽然衣服的质地都很好,但全身没有俗不可耐的戒指、铰链等等饰物,领带上连别针都没有。更令我难忘的是洛克菲勒付小费的方法,他先抓一把零钱放在手上,也不说给多少,让侍者们拿取他自己认为应得的数目。"

结果,凯特等了一个下午和晚上,直到第二天早上洛克菲勒才跟他讨论正事。洛克菲勒建议他着手筹备,并拟定一份完整的计划。

筹备工作落在凯特、古特史壁及哈珀三人肩上。凯特负责筹募金钱、管理基金,古特史壁负责游说西部的人士支持该校及公共关系方面的事务,哈珀当然是策划校方的

※ 五十岁时的洛克菲勒

石油大王——**洛克菲勒**

知识链接

芝加哥大学

芝加哥（Chicago）是美国第三大城市，位于美国中部，世界第一大湖密歇根湖畔与芝加哥河交汇处，面积588平方千米。气候夏日酷热，冬季不寒，终年多风，号为"风城"。

芝加哥是美国中部的高等教育中心。芝加哥大学被誉为"诺贝尔奖"获得者的摇篮，1891年由约翰·洛克菲勒创办，1892年10月1日正式开课。它是一所私立、男女同校、无宗教派别的综合性大学。它曾先后培育出诺贝尔奖获得者三十多人，乔治·比德尔（诺贝尔生理学或医学奖）、罗伯特·马勒肯（诺贝尔化学奖）、索尔·贝洛（诺贝尔文学奖）、罗纳德·科斯（诺贝尔经济学奖）等都出自于该校。西郊的阿岗国家研究院、贝尔实验室、费米实验室的科研成就在全美以至世界都令人瞩目。有相当数目的华裔学者、工程技术人员在这些科研院室任职。

芝加哥大学的校训译成中文是"益智厚生"，意思是"提升知识，以充实人生"。英文为：Let knowledge grow from more to more; and so be human life enriched.

课程及师资方面的事。他们三人将施展各自的才华，创办这所日后造益青年的学府。

1889年，在波士顿浸信会召开大会之前，芝加哥方面估计要一百四十万美元。洛克菲勒把凯特请去商量捐款事宜，凯特都有很详细地记载。前一天晚上，洛克菲勒和凯特在晚餐上讨论，不得要领。第二天一早，凯特又去见洛克菲勒，两人在洛克菲勒的公馆前面徘徊，认为至少要一百万美元才能办好这所学院。洛克菲勒先说他一人可以提供四十万美元，凯特游说了一番，请洛克菲勒承担六十万，另外四十万美元让大会去筹。洛克菲勒起先还犹疑不决，两人由屋前踱到第五街，洛克菲勒突然停下来，面对着凯特首肯了。凯特的记载上写着：

"虽然日后我曾由他手中接过更大、更沉重的款项，但没有一次像第一次这样令我兴奋，尤其在几个月忧心的猜测之下，洛克菲勒那一声允诺，使得那个五月的早晨变得更亮丽了。"

在同年的5月18日，浸信会终于在波士顿的提蒙礼拜堂召开大会。首先，史强宣布浸信会终于要在芝加哥办一所学院，随即凯特先生公开洛克菲勒的来信，告诉教友他一人将捐助六十万美元作为建校的基金，希望以

※ 芝加哥大学

抛砖引玉的方法招来更多的捐献，共同建立这所学院。教友们自然纷纷响应，在数个月内又收到三十多万美元，一半以上是教友捐赠，其他是由商人及芝加哥以外的人士捐赠的。捐献的人士之中，有许多是犹太富商，还有许多后来成为老芝加哥大学的校友。然后，马修费尔得捐出一片十亩的土地作为校产。

一旦经费筹好，校址选定（就在马修费尔得捐出的土地上），浸信会的教育团体就选出该校的董事会，着手开办学校了。1889年7月9日，董事会第一次开会，9月10日芝加哥大学成立，9月18日董事会推选哈珀出任校长。

哈珀当选之后，并没有即刻上任。他拖延的理由有二：第一，他不愿因全心全意办学校，管理行政，而放弃学业上的研究。第二，他认为一百万美元实在办不好一个规模大而又有实力的好大学，所以他没有马上辞去耶鲁的工作。反之，洛克菲勒爱才，看到哈珀年轻有为（当时他才三十四岁），认为该项工作非哈珀莫属。于是，洛克菲勒愿意再谈。哈珀开了八个条件，主要的仍是希望一面办学校，

石油大王——洛克菲勒

一面研究学问；以及在财政方面，洛克菲勒需要无条件再拿出一百万美元，支持该校的神学院。当凯特把条件转告给洛克菲勒时，洛克菲勒一口答应了所有的大前提。在继续与哈珀本人研究了两天的细节之后，哈珀才接下重任，不但洛克菲勒松了一口气，所有的教会人士都知道有了哈珀，芝加哥大学必会成功。

有了基金及支持，哈珀就积极地展开了工作。校址当然设在马修费尔得所捐的土地上（又添置了紧邻的一块土地）。此外他请了一百二十位教授，安排许多实际课程。就在他把校会、师资、课程全部安排好，快要开学的时候，突然发愁怕没有学生来注册。显然他的顾虑是多余的。第二天，当校园钟声响起，有六百多名学生开始了他们的大学生涯。

对洛克菲勒来说，那一笔六十万美元的捐款只是第一步罢了。日后，他源源不绝地将款项投入，不但帮助该校度过了1893年的经济不景气时代，还造就了无数人才，直接地帮助了大众，间接地贡献社会。最令人称赞的是：洛克菲勒本人从不求取什么，他只是默默地在一旁支持着整个学府。直到他去世后，学校才将一间礼拜堂命名为洛克菲勒。洛克菲勒又达到他个人的第二个愿望——捐钱要捐得值得，用得经济、有效率，要有抛砖引玉的功能，还要造福大众。在这一方面，他又获得了全面的胜利。

※ 美丽的芝加哥大学

三大巨头

　　在1870年到1880年间，美国的钢铁工业开始了新旅程。在这段时期，洛克菲勒曾做了小规模的投资。他买下古巴及威斯康星和明尼苏达等数州的几个石油矿场。除此以外，没有其他大手笔的投入。直到1893年经济不景气的时代，他偶然间结识了梅利兹兄弟，才与钢铁业结下了一段缘。

　　1890年初期，梅利兹兄弟坚信在明尼苏达州的梅塞比有铁矿矿脉。他们兄弟五人带了三个侄

※明尼苏达州以地形图制作的标志

石油大王——洛克菲勒

子共同创业,本来是以伐木及在大湖区捕鱼为生,这锻炼了他们坚强的性格与强壮的体魄。因为经常在山中伐木,他们探测出梅塞比有铁矿脉,挖掘时却又往往不得要领,所以总是乘兴而去,败兴而归,招人嘲笑。但是,他们从不气馁,后来终于发现该地的铁砂不是存在明显的矿脉中,而是藏在一层松土之下。

于是,梅利兹兄弟用便宜得离谱的价钱获得使用大片梅塞比的土地权,预备日后采矿。他们先游说铁路公司来开路,被公司拒绝。失望之余,只好自己筹款开路,建了一条66英里长的铁路,连接梅塞比与苏必略湖。除此以外,他们还添置了许多的设备,以至负债累累,到1882年就已欠了约两百万美元的债款。但他们并不因此而罢休,继续展开各种开采的预备工作。不幸,天时不利,1893年市场萧条。合伙人、贷款人又纷纷退出,弄得梅利兹兄弟焦头烂额,处于破产边缘。就在这千钧一发之际,由凯特介绍,引来了财力雄厚的救兵——洛克菲勒,一夕之间稳定了他们兄弟辛苦开发的矿场。

洛克菲勒先买下连接矿场与苏必略湖之间的铁路,这项投资说起来是非常明智的,因为卡耐基及奥立薇的公司每年至少在该线上运四十万吨铁砂。洛克菲勒这一项举措,虽然暂时缓和了梅利兹兄弟的债务,但仍不能减轻他们的担子。他们进一步请求与洛克菲勒合建公司,想把肩头重担移到洛克菲勒身上。终于,在新泽西州的法律条例之下,建立了"苏必略湖铁矿公司"。梅利兹兄弟交出在梅塞比的六处铁矿公司、铁路及矿坞;洛克菲勒把自己在梅塞比及外地的铁矿也转入该公司名下。此外,洛克菲勒前后还借了许多现款给梅利兹兄弟以助其渡过难关。

梅利兹兄弟在新公司内握有大量股票,所以有管理的实权。他们由于好胜及贪婪心作祟,在公司成立不久就大量发行虚股(即增股不增资)。正在自鸣得意之际,钢铁业又因受到百业萧条的影响,每况愈下。更不幸的是,梅塞比的矿砂太过于粉质,在熔炉中往往不能熔成铁块,有时甚至会引起炉子爆炸,污染四邻房舍,这使梅利兹兄弟再度陷入困境。

他们只好再向洛克菲勒求援。洛克菲勒虽因自己周转不灵,无法帮助他们筹得现款,但也买下部分股票协助他们。不幸,事后梅利兹兄弟仍贪得无厌,在律师的挑拨之下,随便捏造谣言说洛克菲勒名下的矿场是负债的等等。洛克菲勒为了要在明尼苏达继续做生意保持名誉,就与他们私下解决:把梅利兹兄弟的股份全部买下,独自拥有"苏必略湖铁矿公司"。

自从洛克菲勒单独控制该公司之后,市场渐渐缓和,混乱的铁矿公司也渐渐走向统一。由分散各处的小

知识链接

洛克菲勒给儿子的信——忠诚于自己

亲爱的约翰:

心情好一点了吗?如果还没有,我想,你需要了解点什么。

你需要知道,在这个世界上,绝大多数的人都不免受一种特殊力量的驱使。这种力量可以轻而易举地剥落紧裹我们人性的外衣,将我们完全裸露在阳光下,并公正地将我们圈定在纯洁与肮脏的图版上,以致让我们所有的辩护都变得苍白无力。无论我们多么伶牙俐齿,它就是检验我们人性的试金石:利益。

换句话说,利益是光照人性的影子,在它面前,一切与道德、伦理有关的本质都将现形,且一览无余。也许你认为我的话有些绝对,但我的经历就是这样告诉我的。

我不是人类史学家,我不知道他们将对人之所以高尚与丑恶做出何种解释。但我的人生历程让我坚信:利益似乎无坚不摧,它可以把本可彼此平静度日的人、种族、国家,联结在一起,彼此尔虞我诈,刺刀见红。在那些骗局、陷阱乃至诽谤、污蔑和诋毁,以及残酷无情的血腥争斗和强盗式的掠夺中,你都会发现追逐利益的影子。在这个意义上,与其说我们是自己心灵的主人,倒不如说我们是利益的奴隶更准确。

我可以断言,在这个世界上,除去神,没有不追逐利益的人。自你走入人与人往来的那一刻起,一场旷日持久的人生谋利游戏就开始了。在这场游戏中,人人都是你的敌人,包括你自己。你需要与自己的弱点对抗,并与所有将快乐建筑在你痛苦之上的恶行决战。所以,当我看破这一切之后,我一直坚守着一个原则:我可以欺骗敌人,但决不欺骗自己。回击正在射杀我的敌人,永远不让我的良心不安。

儿子,请不要误会我,我无意要将我们这个世界涂上一层令人压抑、窒息

石油大王——洛克菲勒

的灰色；事实上，我渴望友谊、真诚、善良和一切能滋润我心灵的美好情感，我也相信它们一定存在。然而，很遗憾，在追名逐利的商场中，我难以得到这种满足，却要经常遭遇出卖和欺骗的打击。直到今天，我还能清晰地记得数次被骗的经历，那才叫刻骨铭心呐。

最令我痛心的一次被骗发生在克利夫兰。当时炼油业因生产过剩几乎无利可图，很多炼油商已经跌落到破产的边缘。还有，克利夫兰远离油田，这就意味着与那些处在油田的炼油厂相比，我们因要付出高昂的长途运输费用而使自己处于不平等的地位。我决心改变它，要大规模收购在死亡线上挣扎的炼油厂，形成合力、统一行动，让每个人的钱包都鼓起来。

我告诉那些濒临倒闭的炼油厂主：我们在克利夫兰处于不利地位，为共同保护自己，我们必须要做些什么；我认为我的计划很好，请认真想一想；如果你感兴趣，我们会很高兴与你共同磋商。也由于善良的愿望和战略上的考虑，我买下了许多毫无价值的工厂，它们就像陈旧的垃圾，只配扔到废铁堆里。

但有些人竟然如此邪恶、自私和忘恩负义，他们拿到我的钱后便与我为敌，肆无忌惮地撕毁与我达成的协议，卷土重来，用废铁变成金子的钱购置设备，重操旧业，并公开敲诈我，要我买下他们的工厂。这些人都曾要求我诚实，让我出个好价钱收购他们瘫痪的工厂，我做到了，然而，结果却令人痛心。在那一刻我的心情糟透了，我甚至自责我不该太诚实，不该太善良，否则我也不会落到四面楚歌、一筹莫展的境地。

最令我不可接受的，是在谋利游戏中，今天的朋友会变成明天的敌人。这种情形常有发生，我的两位教友就曾无节制地多次蒙骗我。看在上帝的份上，我不想历数他们的罪恶。但我可以告诉你，当我知道我一直被他们欺骗的时候，我震惊了。我不明白与我一同祷告，虔诚地发誓要摒弃骄傲、纵欲和贪婪之心的人，何以如此卑鄙！

历经种种欺骗与谎言，我无奈地告诉自己：你只能相信自己，只有如此，你才不会被人蒙骗。我知道这种略带敌意的心态不好，但这个世界有太多太多的欺骗，提防是我们不可或缺的生存技能。

跟混蛋打交道，会让你变得聪明。那些邪恶的"老师"教会了我许多东西，如果现在谁要想欺骗我，我估计会比翻越科罗拉大峡谷还要难。因为那些魔鬼帮我建立了一套与人打交道的法则，我想这套法则对你会有所帮助：

我只有在对自己有利无害的情况下，才表现自己的感情；我可以让对手教导我，但我永远不教导对手，无论我对那件事了解有多深；凡事三思而决，不管别人如何催促，不考虑周全决不行动；我有自己的真理，只对自己负责；小心那些要求我以诚相待的人，他们是想在我这里捞到好处。

我知道，欺骗只是谋利游戏中的策略，并不能解决问题。但我更知道，谋利游戏在夜以继日地进行。所以，我必须从早到晚保持警惕，并且明白：在这场游戏中，人人都是敌人，因为每个人都先顾及自己的利益，不管是否对他人有利。重要的是如何保护自己，并随时随地地备战。

儿子，命运给予我们的不是失望之酒，而是机会之杯，振作起来！发生在华尔街的那件事，并没有什么了不得，那只是你太相信别人而已。不过，你需要知道，好马不会在同一个地方跌倒两次。

爱你的父亲
1899年11月29日

矿场、小工厂而合并成三家鼎足而立的大公司：一是"奥立薇铁矿公司"，二是"明尼苏达的铁矿公司"及洛克菲勒的"苏必略湖铁矿公司"。

洛克菲勒在经济恐慌时代偶然买下梅利兹的公司，而无意中涉足钢铁业。没想到在熬过困难时代之后，洛克菲勒不但拥有运矿的铁路，更拥有丰富的矿藏。在这种情形下他应该完全投入再称霸于一个新的行业呢，还是隐退？洛克菲勒起初颇有隐退的意思，但一时又找不到人来购买股票，反而原来的股东还纷纷退出，将股票卖给洛克菲勒，使洛克菲勒一时无法抽身。正好又有助手凯特仔细地经营，使洛克菲勒在被动的情况下走入钢铁界。

当时，商界有两大巨子，一是钢铁界的巨人卡耐基，一是石油大王洛克菲勒。如今洛克菲勒跨出自

石油大王——**洛克菲勒**

※ 钢铁大王卡耐基

己的领域，涉足开采了许多铁矿。他的这些行动，引起报界及一般人的猜测，纷纷怀疑他们是死对头，会在商场展开大战。

谣言不断地传出，说洛克菲勒的代理人正在大湖区看地，准备设炼钢厂。这下，卡耐基的手下着急了。他们想洛克菲勒已有运输系统和矿场，如果他再设炼钢厂，很快地就能生产出成本低的钢铁。这对卡耐基及其下属来说确实是一种心理压力。

洛克菲勒并没有像外人谣传的那么勇猛，他私下慎重考虑，知道自己虽有称霸潜力，但是，那将会消耗掉他所有的精力。更何况，钢铁业的风险大、竞争多，他不但要与卡耐基和费克一争高低，还要去应付新的"伊利诺钢铁公司"的凯

利。他岂不又要卷入年轻时那种纷争杂乱的场面吗？他因年事日增，实在不愿意再投身于激烈的竞争之中。于是他想出一条妙计，建议卡耐基与他合作：卡耐基只管炼铁成钢，而不管开采，他管开采矿藏及运输原料的工作而不管炼钢。在这种情况之下，卡耐基可以保证得到高品质的铁矿砂，而洛克菲勒也有固定的运矿客户。然而，各界仍不肯罢休，还纷纷猜测到底谁会来垄断这个欣欣向荣的市场。

人们没有注意到的是，不饶人的岁月，已经盘踞在两位巨子的心里。卡耐基与洛克菲勒都渐渐步入老年，虽不乏大志，但均不愿再开战场。更何况两人均想拨出额外的时间做些慈善事业，所以均萌生退意。以至在1899年，洛克菲勒想以五千万美元的价钱把他的矿业卖给卡耐基，卡耐基以铁砂太稀为由拒绝了，两人就在互相礼让的情况下继续合作。卡耐基的合伙人曾短暂地毁约，私自买下梅塞比的铁矿，又用独立公司的船运货，引得洛克菲勒集团的人计划开炼钢厂，相互抵制。

当洛克菲勒集团在深思之际，传出卡耐基正式隐退的消息。他把整个卡耐基企业于1901年1月卖给摩根。摩根一夜之间成了钢铁业巨

知识链接

钢铁大王卡耐基

在美国，与"汽车大王"福特、"石油大王"洛克菲勒等大财阀的名字列在一起的，还有"钢铁大王"安德鲁·卡耐基。

安德鲁·卡耐基1835年11月25日出生于苏格兰古都丹弗姆林。他的父亲威尔·卡耐基以手工纺织亚麻格子布为生，母亲玛琪则以缝鞋为副业。他虽家庭贫穷，却为人正直，始终充满着积极进取的精神。小卡耐基的祖父是个性情开朗、机智幽默而又具有不屈不挠精神的人。小卡耐基作为长孙，以祖父的名字——安德鲁·卡耐基命名。他从小就以有这样的祖父为荣，同时也以终生拥有他的名字自豪。他的外祖父是个天生的雄辩家，也是个富有才智的政治家，是当地颇为活跃的政治领袖。或许是祖辈遗传基因的作用，卡耐基自小就乐观进取，能言善辩，这对他一生的影响极大。

卡耐基十二岁时跟随他的家庭一起移居到美国。人们对他的评价是"一个举止傲慢、容易冲动、为人热情、忠诚而又精明的理想主义者"。他最初当了一名锭子工，每周的薪水只有1.2美元。

1853年，宾夕法尼亚州铁路公司西部管区主任斯考特看中了有高超的电报技术的卡耐基，聘他去当私人电报员兼秘书，每月薪水35美元。当时卡耐基已是十八岁的大小伙了，他怀着强烈的上进心走进了这个更为广阔的世界。

在宾夕法尼亚铁路公司的12年中，卡耐基凭借自己的勤奋和机灵，二十四岁就升任该公司西部管区主任，年薪一千五百美元，并逐步掌握了现代化大企业的管理技巧。这种技巧为他以后开办钢铁企业奠定了一定的基础。与此同时，卡耐基也抓住时机，初试牛刀，参与投资，而且频频得手，这为他以后开办钢铁企业奠定了良好的经济基础。

1865年4月，南北战争结束，战争创造了大量的机会。这时二十九岁的卡耐基抓住机会，另立门户。这年，他向宾州铁路公司提出了辞呈。

在卡耐基辞职之前，南北战争给卡耐基以警示：帆船时代已经过去了，钢铁时代即将到来。于是，辞职之后，他来到欧洲旅行，到伦敦考察了那里的钢铁研究所，果断地买下了道茨兄弟发明的一项钢铁专利。他还买下了焦炭洗涤

石油大王——**洛克菲勒**

还原法的专利。他认为，这两项专利会给他带来源源不断的财富。

回到美国的卡耐基，鼓足干劲，把分散的资金聚集在一起，把以前自己入股的两家公司合并，成立了联合制铁公司。卡耐基深知当时美国钢铁生产的现状：经营极为分散，从采矿、炼铁到最终制成铁轨、铁板等成品，中间环节过多，经过许多厂家，中间商在每个产销环节层层加码，致使最终产品成本很高。面对这些弊病，他决心建立一个面目全新的，囊括整个生产过程的供、产、销一体化的现代钢铁公司。

1873年美国经济大恐慌，许多人都遭到了破产的厄运，当初的合伙人柯路曼兄弟，还有弟弟的岳父，这些元老级人物都不得不把自己的股份卖给卡耐基。最终，1890年，卡耐基将公司名称变为卡耐基钢铁公司，资金增长到两千五百万美元，他持股半数以上。19世纪末20世纪初，卡耐基钢铁公司已成为世界上最大的钢铁企业。它拥有两万多员工，拥有世界上最先进的设备，年产量超过了英国全国的钢铁产量，年收益额达四千万美元。卡耐基仍是公司的最大股东，但他并不担任董事长、总经理之类的职务。他的成功在很大程度上取决于他任用了一批懂技术、懂管理的人才。他说："如果把我的厂房设备、材料全部烧毁，但只要保住我的全班人马，几年以后，我仍将是一个钢铁大王。"

1886年10月，从小跟卡耐基一起长大，一起奋斗的弟弟汤姆去世了，紧接着，母亲也离开了人世。卡耐基无法接受这样的打击，他连续六个星期持续高烧，第一次感觉到孤单。可是悲剧并没就此结束。1889年，卡耐基的得力助手琼斯厂长因为高炉爆炸而殉职。这一次，卡耐基面对残酷的事实，有所清醒了。

他接连几天思考自己走过的路：从一个小信差，一个贫穷移民的后代，到今天的百万富翁、千万富翁、亿万富翁，自己拥有如此多的财富，可为什么却高兴不起来，现在亲人一个个离去，曾经离弃过的朋友也不会再回来了，那我赚钱的目的又是什么？最后，他得出这样一个结论："富人如果不能运用他聚敛财富的才能，在生前将其财富捐献出来为社会谋取福利，那么死了也不光彩。"

1890年,他在《财富的福音》一书中宣布:"我不再努力挣更多的财富。"于是,他毅然从他那蓬勃发展的钢铁事业中引退,以五亿美元的价格将卡耐基钢铁公司卖给金融大王摩根。然后,开始实施他那把财富奉献给社会的伟大计划。

1901年,即他引退后的第一年,他首先拿出五百万美元为炼钢工人设立了救济和养老基金,以向帮助他取得事业成功的员工们表示感谢。接着,为帮助有志上进而家境贫穷的年轻人,他当年在纽约市捐款建立了六十八座图书馆。这个图书馆建设事业持续了十六年,他总共捐资一千二百万美元,兴办图书馆三千五百座。

1902年,卡耐基在他的第二故乡匹兹堡创办了"卡耐基大学"。此后,又在美、英各地捐资创办了各种学校和教育机构。这类用于建造教育设施的捐款,达九千万美元之巨。

随后的几年中,卡耐基又设立了一系列基金:他捐资五百万美元,设立"舍己救人者基金";他捐资三千九百万美元,设立"大学教授退休基金",以保障教育家的晚年生活;他还设立了"总统退休基金"和"作家基金",对美国总统或作家的晚年给予资助;他向十一个国家提供了"卡耐基名人基金",并以一千万美元设立"卡耐基国际和平财团",专门资助为世界和平做出贡献的人们。 1919年8月11日,安德鲁·卡耐基,一位布施上亿美元的钢铁大王,于当天早晨因支气管炎病发与世长辞。这位八十三岁高龄腰缠万贯的慈善家是在马萨诸塞州——他自己的影溪庄园中逝世的。临终时,他的财产估计超过五亿美元。他生前曾为各种慈善事业捐赠三亿五千万美元,其中包括一个大型图书馆网络。

从不名一文的移民到世界巨富的"钢铁大王",又在功成名就后,将几乎全部的财富捐献给社会。他生前捐赠款额之巨大,足以与死后设立诺贝尔奖的瑞典科学家、实业家诺贝尔相媲美,成为美国人心目中的英雄和个人奋斗的楷模,成为一代传奇人物。

石油大王——洛克菲勒

※ 《时代》杂志封面上的摩根

子，然而欢欣之余，摩根耿耿于怀的是强将洛克菲勒。当时的洛克菲勒拥有丰富的铁矿、便捷的运输工具，只要在靠近矿场的芝加哥附近开设炼钢厂，他就能扫荡市场，在钢铁业称霸。如果他自己不如此实行，而把现有的财产卖给第三者，第三者也会以同样的办法来垄断行业。所以，摩根的结论是合并洛克菲勒的矿场及铁路，否则后患无穷！

摩根是个高傲的人，他喜欢一人高高在上，不太能够坦然接受他人的成就。所以，他对洛克菲勒的成就有几分妒意。而他奢侈的豪华生活，也不被洛克菲勒所赞许，两人有着完全相异的个性。

当洛克菲勒第一次在他弟弟威廉家见到摩根时，对摩根并没有好感。

知识链接

金融巨子摩根

约翰·皮尔庞特·摩根（J·P·摩根），1837年4月17日生于美国的哈特福德，是美国经济发展史上一位重要的人物。摩根自幼体弱多病，学习一般。上中学后，为了增强体质，他积极参加体育锻炼。身体好了，他学习也有长进，后来考入大学，再逐渐地从一个无名小辈，发展成为纽约市华尔街的第一号人物，荣登美国经济霸主的宝座。

摩根的父亲J·S·摩根是个干菜批发店老板，生意兴隆。后与哈特福城里著名的投资家皮鲍狄合伙，1837年在伦敦成立皮鲍狄公司，专门经营美国国债、州债、股票及国外汇兑等项买卖。J·P·摩根日后的发展与J·S·摩根背后的资助是分不开的。

在父亲的资助下，J·P·摩根在纽约证券交易所的对面成立了摩根商行。他的事业开始了。摩根首先把目光对准了纽约华尔街地下室里的黑市交易。当时正处南北战争时期，黄金市场的价格是随南北两方军事力量

对比而变化的。北军如占上风，金价就下跌；北军如处于劣势，金价就上涨；北军如战败，金价就会暴涨。也在这时，摩根认识了克查姆，两人相见恨晚。克查姆告诉了关于北军伤亡惨重的消息。摩根根据这一消息在随后的金价暴涨中赚了一大笔钱。随后，摩根雇佣了一个电报工作人员，专门跟前线军官联系，从而更确切地知道消息。无疑，这些消息给摩根带来了不少黄金。后来老摩根获得绝密情报，美国政府要赔偿英国一百万英镑的黄金。这样，J·P·摩根又发财了。随着摩根在黑市交易中一次次获利，他也终于从一名无名小辈成长为华尔街金融界的一颗新星，从而也掀开了摩根事业辉煌的篇章。

南北战争后不久，摩根把目光瞄准了铁路投资事业，因为此时各地铁路纷纷营建，已成为美国的热门。在著名的萨斯科哈那铁路之战中，摩根成功地介入铁路事业中，并在这个新阵营中不断扩展自己的领地。

1864年，摩根达布尼—摩根公司成立，从事债券、各种商业票据及通货和黄金的买卖。

※ 美国南北战争油画作品

1870年，法国梯也尔政府为镇压巴黎公社起义发行五千万美元的债券，由老摩根承购。老摩根把一半任务分给了摩根。摩根组织了一个银团，消化了两千五百万美元的债券。

1871年，摩根与人合伙创办"德雷克塞尔—摩根公司"，从事投资与信贷等银行业务，开创投资银行这一具有划时代意义的伟大事

石油大王——**洛克菲勒**

业。1894年合伙人逝世，由其独资经营。1895年改名为J·P·摩根公司，并以该公司为大本营，向金融事业和经济各部门（诸如钢铁、铁路以及公用事业等）扩张势力，开始形成垄断财团。

1879年，摩根开始涉及私营经济的融资。他成功地为范德尔比特销售纽约中央铁路公司的25万股普通股。从此他赢得了伦敦和美国企业界的信任和肯定。

1882年2月，J·P·摩根在极机密的情况下，在麦迪逊街219号——他的寓所中宴请了美、英、法等投资企业联合的代表，以及全国主要铁路的所有人。在这次会议上，摩根同各铁路所有人达成了联盟的协议，铁路运费共同提高。这样就消除了因铁路之间的竞争而使运费降低，避免了铁路公司无谓的损失。美国的历史学家将摩根这次召开的会议称为"历史性的摩根会议"。因为从此以后，美国的铁路界及金融的经营都成为"摩根化"模式，也就是所谓的"美国经营摩根化"。

1884年的第二次金融危机中，摩根的地位再次得到巩固。他购买了被惊慌失措的投资者和投机者们抛售到市场上的证券。

1912年，摩根财团控制了金融机构十三家，合计资产总额30.4亿美元。华尔街的金融老板称摩根公司为"银行的银行"。在1913年美联储成立之前，摩根公司在美国经济中甚至起到了类似中央银行的作用，对美国的金融体系有着举足轻重的影响。它用强有力的金融手段整合了美国的铁路、钢铁、石油等行业，在重塑美国经济的同时也把它变成了华尔街的台柱和"银行界的劳斯莱斯"。在工业生产迅速集中的过程中，银行资本也更为集中。19世纪末，纽约出现了金融实力雄厚的三家人寿保险公司和两家商业银行（纽约第一国民银行和纽约花旗银行）。它们各自控制着几十家商业银行和保险公司，形成了强大的金融垄断组织，开始与工业资本融合。摩根财团和洛克菲勒财团就是这样诞生的。20世纪初，摩根财团和洛克菲勒财团已控制了美国全部国民财富一千二百亿美元的三分之一左右。

1913年3月31日，摩根在去欧洲旅行途中逝世，享年76岁。

※ 摩根与洛克菲勒（右）

他说："我们见面当然先客套了一番。不过，我看到的摩根先生，嗯，很有摩根先生的样儿，那么骄傲，傲得好像谁也看不起似的。"从此，两人的来往都沾了些喜剧性的意味。

不久，摩根为了自己事业的前途，低声下气地去求见洛克菲勒。洛克菲勒先给他一个软钉子，说自己退休不管事，不在办公室见客，要他到公馆面谈，摩根只好乖乖地去了。

等摩根回到自己的办公室之后，见到凯利就欢欣地说："我终于看到他了。"

凯利回问："他待你怎么样？"

"还好。"他说。

凯利又问："你拿到矿权没有？"

他说："没有啊！我只告诉他我们公司必须拥有那些矿场，希望他估个价。你说我们该付多少？"

虽然商场人士对他们两人的见面有各种生动的描述，但其实是很简单的，洛克菲勒并没有说什么，只说是要与儿子及助手凯特商量。

这一商量又没有下文，急煞了摩根，赶快请私交深厚的罗吉斯来催促。罗吉斯就请了洛克菲勒的儿子洛克菲勒二世与他一起去摩根的办公室，谈论卖矿场的事宜。当时，摩根正好与助手在研究公文，并没有注意到小洛克菲勒的到来。

小洛克菲勒在他报告给父亲的信上写得很清楚：

"我去的时候，他正忙着处理信件，一脸疲惫紧张的样子，他对你迟迟不提卖矿场的事有些恼火，希望一口气成交。"

小洛克菲勒在家书中只是轻描淡写，事实上他日后回忆说，摩根一见到他，就把头抬得高高的，冷漠地瞧

石油大王——**洛克菲勒**

了他一眼说："怎么样,你们出什么价钱?"小洛克菲勒只好解释延迟的原因是因为他们在估价。

在给父亲的信上,小洛克菲勒又写道:

"摩根要我们自己估价,然后告诉他我们要怎么样交换股票。我告诉他,是他急着要与我们合并,而不是我们要求他;我还转告他,据我所知,您(父亲)是不喜欢自己开价钱让他来杀价,应该在他看过我们的矿场之后,提出价钱,再让您来决定。"

不久,摩根请律师拟了一个场外交易价格,出价七千五百万美元。他的态度仍旧高傲,小洛克菲勒在信上又写道:

"看摩根的表情,就像打扫房间时想要把地打扫干净,但扫来扫去仍有几粒面包屑,而我们就是那几粒扫不掉的屑粒,让他烦恼难安。"

事后,中间人费得烈曾到波甘狄克去见洛克菲勒,洛克菲勒很严厉地对他说:

"我并不心急着卖我的产业,但我也不会挡你朋友的财路,不把这个利益给他,只是你们开的场外价格太不合情理。在我听起来好像是最后通牒似的,何况出价又偏低,我不愿意这样跟人做生意!"

于是,摩根只好再与小洛克菲勒及凯特商量。

1901年3月,小洛克菲勒开价:大湖区的运输系统要八千五百万美元,此外联合公司的股票,每股要换摩根公司的一又十分之四的优先股和一又十分之四的普通股。接着,摩根还价,认为一点四太高了,只肯算一股一点二五。后来,小洛克菲勒提议每股换算一点三五,终于成交。最后是以八千五百万美元的票面价值买下运输系统,八千万美元的票面价值买下矿场。如果洛克菲勒有心拖延,尚可卖更好的价钱。但洛克菲勒当时退休心切,在不亏本的原则下急流勇退,退出了这个竞争激烈如战场的商界。

※ 小洛克菲勒(洛克菲勒二世)

知识链接

摩根财团

摩根家族的兴起

　　摩根财团形成于19世纪末20世纪初，为统治美国经济的垄断资本财团，是美国十大财团之一。摩根财团的创始人为J·P·摩根，他在其父J·S·摩根资财的基础上，1871年与人合伙创办了"德雷克塞尔—摩根"公司，主要从事投资与信贷等银行业务。1894年合伙人逝世，由摩根独资经营，于次年改名为J·P·摩根公司，并以此公司为大本营，向金融事业和钢铁、铁路以及公用事业等各经济部门扩张势力，逐渐形成垄断财团。1912年，摩根财团控制金融机构十三家，资产总额合计30.4亿美元，其中以摩根公司实力最为雄厚，华尔街的金融老板称摩根公司为"银行的银行"。第一次世界大战中，摩根财团大发横财，战后以其雄厚的金融资本，渗透国民经济各个部门。20世纪30年代，摩根财团所控制的大银行、大企业的资产总额占当时美国八大财团的50%以上。

　　摩根财团不停地扩展实力。在工业方面，积极开拓新兴技术工业。20世纪60年代以来，摩根财团在电子计算机、高速复印机和微型胶卷等工艺部门中，已跃居首位。财团所属的国际商业机器公司，是全世界生产电子计算机最大的企业。在军火工业方面，摩根财团控制的通用电气公司、通用动力公司和格鲁曼飞机公司，名列美国国防部最大军火承包商的前茅。至20世纪70年代后期，摩根财团的信托资产迅速增长，大大超过了其他财团，加以电子计算机等尖端技术工业的兴起，又使该财团的经济实力成倍增长。

　　摩根财团在金融业方面拥有雄厚的基础。其主要支柱是J·P·摩根公司。摩根公司是世界最大跨国银行之一，在国内有十个子公司和许多分支行，还有一千多个通信银行。在国外约二十个大城市设有支行或代表处，在近四十个国家的金融机构中拥有股权。其经营特点是大量买卖股票和经营巨额信托资产。它控制着外国三十七个商业银行、开发银行、投资公司和其他企业的股权。此外，还有制造商汉诺威公司、纽约银行家信托公司以及西北银行公司、谨慎人寿保险公司以及纽约人寿保险公司等。在工矿企业方面主要有国际商业机器公司、通用电气公司、国际电话电报公司、美国钢铁公司以及通用汽车公司等，在公用事业方面则有美国电话电报公司和南方公司。

肢解的巨兽

图说名人

退休生活

1890年之后,洛克菲勒在纽约住的时间更长了。他始终想找一个可供他度假、休息的地方。终于在1893年,他在纽约北泰利城的小镇买了一幢房子。它位于哈德逊河与其支流的分水岭上,是一幢两层的木头楼房,四周有洛克菲勒喜爱的宽阔回廊,因坐落在小山坡上,所以视野很广,尤其在西面的阳台上可以看见绚丽的哈德逊河风光。屋内的布置是洛克菲勒向来喜爱的简单舒服的式样。买下这幢房子之后,洛克菲勒无形中给自己带来许多工作:他连续购得四周的土地,忙着扫除房子、铺路、砍树木等等。直到把整个庭院扩张到一千六百亩才停止。他在

※ 哈德逊河

> 名人名言
>
> 我知道该怎么赚钱,可你们却不知道。
> ——洛克菲勒

日后的回忆录上写道：

"我十分喜爱这所老房子，它四周的风景如画，可以陶冶性情，还能使我们清静又安逸地享受余年。"

这幢房子就是在回忆中常提到的波甘狄克小屋。

不幸的是，房子在1902年毁于一场大火，洛克菲勒虽时常挂念着要重建，但总是拖延。小洛克菲勒知道父亲不喜欢过问建屋的细节，就替父亲请建筑师设计一所理想的住所。当设计师把画好的蓝图呈给洛克菲勒时，他又迟迟不采取任何行动。小洛克菲勒了解父亲的心情，他日后对人说："父亲不喜欢大房子，怕管理上麻烦；但他又不肯改小，怕改小了以后孙儿孙女来了以后没有地方住。"

于是，小洛克菲勒又命建筑师改变蓝图，把房子改得大小适中，有足够的房间可以接纳亲友，又不会大得管理困难。这样一来，洛克菲勒马上就点头，命人快速兴建了。

小洛克菲勒夫妇担任起监工和布置的工作。室内的布置原则上要美观、大方而简单。小洛克菲勒对装潢师说，要让贫苦的人走进寓所时感觉到亲切温暖，同时，要让显达的人踏入该区时觉得高雅大方。于是，设计师就抓住这条原则，把简单和美观融合在一处。但真正令洛克菲勒振奋的是不停扩建的庭院，他可以随心所欲地在这三千亩土地上开路、植树、造假山，这让他觉得十分满意。

洛克菲勒在新居种了成千棵的常青树，当他后来在新泽西买下一个高尔夫球场，把球场改建成住宅时，自己曾利用树做了一次小生意。他把种在波甘狄克每株只值一

※ 舒适坐着的洛克菲勒

石油大王——洛克菲勒

※ 洛克菲勒疼爱地给小孩硬币

毛或五分的小树以一块半、两块的价钱卖给他的新居。他对人提起他在新居上砍树的经验，总不能掩饰他的骄傲：

"我们的伐树工人是自己人，工具也是自己做的。如果你一旦了解树的性情，你会发现是多么容易左右这棵树。我们曾经砍过九十尺高的树，还砍了许多七八十尺高的……最令人难忘的是那棵巨大的马蹄树。我们都保留砍下的树，把每棵放在一定的距离，有些树还正在开花呢！每棵都可卖二十元，根本没有赔本。"

洛克菲勒老年时喜欢园艺的工作，喜欢装饰庭院、修剪树木。他常常骄傲地告诉客人哪些是他栽种的树，哪些是他铺的路，他的下属也都夸赞他为园艺家。他不停地美化庭院、铺小路以方便行人，筑高墙挡住铁路。他退休之后，总是从早到晚的在院子里摸索，种小树、砍大树、铺路、修路等，总要忙到太阳下山，黑漆漆的不见五指才拖着疲惫不堪的身子回家。

运动方面，洛克菲勒退休之后仍喜欢溜冰、骑马和骑自行车。但过了六十岁就不再骑快马了，波甘狄克马厩中的马之后就让给儿媳孙儿骑了。他们老夫妇只有在星期天下午才在院子里骑着兜圈子，两人追逐嬉笑，非常逍遥。

退休后的洛克菲勒虽然体力上不减当年，但对文艺方面的兴趣仍然很淡。他偶尔会跟太太去听听音乐会，或到弟弟经营的歌剧院的包厢里去看歌剧，除此以外很少参加任何文艺活动。他仍不爱看小说，只有在晚间休闲时刻，听洛克菲勒夫人朗读几段精彩片段。他很少津津有味地看任何文学作品。唯有《圣经》是他每天必定阅读的书。除此而外，他最常接触的就是报纸杂志和宗教性的书籍。

文艺性的节目提不起洛克菲勒的兴趣，刚风行的高尔夫球倒成了他的新嗜好。在1899年的一次宴会上，洛克菲勒夫妇在友人的鼓励之下，玩了几杆高尔夫球。学了几次之后，洛克菲勒即爱不释手，在波甘狄克的房子旁建了一个四个洞的小型球场。他不但请了名师来教授，还想尽各种办法以增进球技，无时无刻不在挂念他的球艺。他曾对友人说："我希望打得愈多愈好。"甚至冬天下雪，也请友人到他的私人球场玩球。他的球友并不多，当凯特劝他应该多邀些朋友玩球时，洛克菲勒道出了有钱人共有的苦衷：

"你如果以为我不想邀朋友玩球，你就错了。我早就试过，可惜结果都千篇一律地令我失望。那些人个个醉翁之意不在酒，多半打到第九个洞的时候就开始开口向我提出要求，不是希望捐献就是要贷款。"

1909年，洛克菲勒虽已步入随心所欲的七十岁，但身体仍健壮如往昔。美国的《哈泼周刊》曾描述说："洛克菲勒虽然年届七十，他仍是个魁梧的体育健将。明亮的眼睛、泛红的双颊、被太阳晒得呈古铜色的皮肤，衬得他只有五十岁的模样。"

他的私人医生说："洛克菲勒先生身体健壮，起码可以活到一百岁。他长寿的秘诀有三：第一，不忧愁；第二，有规律地做户外运动；第三，饮食有节制。"

在生活上，洛克菲勒的起居有规律；精神上，他仍是虔诚的教徒。因为常年住在纽约，所以活跃在纽约的教堂之间，但仍时时协助家乡克利夫兰的教堂。他和威廉在纽约的教堂都是挂名董事，负责许多捐献的工作。太太和女儿则教主日学，尤其小女儿亚尔塔还办了一所女子缝纫学校。他们一家除了上礼拜堂之外，还常邀请牧师到纽约

※ 朴素的约翰·洛克菲勒

※ 洛克菲勒和他的孙女们

的五十四街的房子内做客，使得家中充满安详和乐的气氛。

老年的洛克菲勒生活并不单调，有三件喜事填满他的心，那就是两个女儿和小儿子的婚事。先是有个性、有艺术感性、独立而又反传统的二女儿伊迪丝嫁给普林斯顿大学毕业生麦康密克。因为新郎感冒，婚礼就在旅馆举行而没有去教堂行礼。婚后，在纽约五十四街的寓所宴客，而后他们定居芝加哥，新郎与兄弟一起从事农具的生意。他们生了三个孩子之后，于1921年离婚。但是洛克菲勒在世时与亲家母处得很好。亲家公是农田收割机的发明人，亲家母喜做善事，所以

石油大王——洛克菲勒

跟洛克菲勒家人很合得来，常常到波甘狄克及五十四街的寓所做客。

第二件是1901亚尔塔的婚事，她的如意郎君是哈佛法学院的高材生。他曾在芝加哥当了多年的律师，后来对"联邦法"产生兴趣，写了两本有关这方面的书，到1924年改行研究农业，曾在麻省开农场，并写了两本有关养牛及防止饥

知识链接

洛克菲勒的长寿秘诀

洛克菲勒五十三岁时，疾病缠身，人瘦得像木乃伊。医生向他说明了一个残酷的现实：他必须在金钱、烦恼、生命三者中选择一个。这时他听了医生的劝告，退休回家，开始学打高尔夫球，去剧院看喜剧，还常常跟邻居闲聊。他开始过一种与世无争的平淡生活。在退休后的这段时间，他捐出了七亿五千万美元。洛克菲勒九十八岁高龄时平静、快乐、无憾地与世长辞了。他所建立的基金会却永远造福于后人。那么，洛克菲勒有没有什么健康长寿的秘诀呢？他自己总结了以下九条：

1. 每星期日去参加礼拜，记下

所学到的东西，供每天应用。

2. 每晚睡八小时，午睡片刻。适当休息，避免疲劳。

3. 每天洗一次盆浴或淋浴，保持干净和整洁。

4. 移居佛罗里达州，那里的气候有益于健康和长寿。

5. 有规律地生活。每天到户外从事自己喜爱的运动——打高尔夫球，吸收新鲜空气和阳光；定期做室内运动，读书和其他有益的活动。

6. 饮食有节制，细嚼慢咽。不吃太热或太冷的食物，以免烫坏或冻坏胃壁。

7. 汲取心理和精神的维生素。在每次进餐时，都说文雅的语言，还同家人、秘书、朋友一起读励志的书。

8. 雇用毕格医生为私人医生（他让洛克菲勒身体健康、精神愉快、思维活跃）。

9. 把自己的一部分财产分给需要的人共享。

小洛克菲勒家的孩子们

小约翰·洛克菲勒育有一个女儿和五个儿子，戴维是最小的一个。

小洛克菲勒公务繁忙，自己很少有时间照料子女，于是在家里建造了网球场、高尔夫球场、跑马场、游泳池……足可以让几个孩子乖乖地待在家里玩，而不会出去闯祸。他还请了很多保姆、家庭教师、秘书、女服务员、厨房女仆、客厅女仆、卧室女仆、司机和厨师，负责孩子的教育与照顾他们。

洛克菲勒家族的女孩子似乎没有遗传到家族的好脑筋，大女儿艾比（芭布斯）·洛克菲勒·米尔顿（1903—1976）婚后一直过着平静的家庭主妇生活，主要的工作也就是继续进行慈善事业：她是洛克菲勒兄弟基金会理事局的一员，也是斯隆—凯特灵癌症纪念中心理事局的一名咨询员，还是洛克菲勒家族基金会的荣誉理事。小洛克菲勒的大儿子约翰·洛克菲勒三世（1906—1978），担任过纽约市青少年犯罪委员会董事长，加入过海军，担任指挥官办公室首席海军上尉，并为一个跨部门专责小组工作，专门规划对日本的战后政策。二儿子纳尔逊·A·洛克菲勒（1908—1979），连任四届纽约州州长后坐上了美国副总统的

石油大王——洛克菲勒

宝座。三儿子劳伦斯·斯佩尔曼·洛克菲勒（1910—2004）在第二次世界大战期间入伍，担任陆军中尉指挥官一职。他是投资资金领域的先驱，投资的领域包括：航空、航空宇宙、电子学、高温物理学、合成物质学、光学、激光、数据库处理、热离子学、仪器学和原子核能量学。老四温斯洛普·洛克菲勒（1912—1973）与父亲有几分相似，是个正宗的环保主义者。

在姐姐哥哥们都按照自己的意愿选择了中意的事业后，洛克菲勒家族的事业自然而然地落到了最小的儿子戴维·洛克菲勒的身上。戴维担任过美国国防部长，卫生和福利服务区域董事助理，在此之前的1942年5月还在美国军队作过一名士兵，1945年作为一名上尉退役。退役后，他开始投身于银行业。1946年他加入国家大通银行外交部担任助理经理，1947年被任命为助理出纳，1952年被任命为资深副总裁。当国家大通银行及曼哈顿公司于1955年合并，他被任命为执行副总裁。1957年1月1日，他成为整体银行董事会副主席。1961年他成为银行总裁兼执行委员会董事。1981年退休。

戴维·洛克菲勒除了把自家公司经营得稳稳当当，仍继续从事慈善事业，还做了许多祖父辈没有尝试过的事，写了传记《回忆录》，把家族史囊括其中，给子孙辈借鉴。

伊迪丝婚后的一生

伊迪丝，洛克菲勒的第二个女儿。1895年，她与哈罗德·麦考密克在圣坛前盟誓结为合法夫妻。麦考密克的父亲是美国大名鼎鼎的收割机发明家兼国际收割机公司的创始人赛勒斯·麦考密克。伊迪丝与哈罗德的婚姻，促成了美国两大工业集团的合并。此后，洛克菲勒购买了国际收割机公司价值约三千万美元的股份，伊迪丝也自然成为芝加哥最富有的女士之一，被称为"芝加哥第一夫人"。

公众场合，伊迪丝俨然是一位高贵典雅的贵夫人。不过，她的性情也有点古怪。有时，她仍沿用婚前的姓氏"洛克菲勒"签署信件，似乎她并不满足当一个工业巨头的女儿。伊迪丝不是一个称职的母亲，她很少对四个孩子流露出亲切与关爱。例如，孩子们必须同她的私人秘书预约后才能见她。而当一位雇员打断正在举行的豪华晚餐聚会，向她急告三岁的儿子约翰死于猩红热的消息时，她也只是无动于衷地点点头，继续与客人们共进晚餐。

1906年，伊迪丝前往欧洲，去考察一种新型的心理分析和精神治疗法。她的丈夫哈罗德则留在芝加哥，期间与多名女子发生婚外情。十五年后，伊迪丝才从瑞士返回芝加哥。回家后，她发觉与孩子们的关系明显疏远。而哈罗德为了早日迎娶他心爱的女歌剧演员，不断劝说伊迪丝离婚。

伊迪丝三个孩子的婚姻也非同寻常：儿子福勒是洛克菲勒最疼爱的外孙，他与普林斯顿大学同学的母亲结婚；长女玛蒂尔达十七岁时，嫁给了四十七岁的瑞士马术教练为妻；小女儿穆丽尔一直胡言，说自己嫁给了一个在一次大战中阵亡的陆军中尉的幽灵，而后，又称已同鬼魂离异。最后，她与一个年龄较大的伤残退役军人结了婚。

伊迪丝的儿女们长大了，各自忙于自己的终身大事，而此时的伊迪丝正筹划着如何把心理分析法引入芝加哥。她招收了几个病人，向他们讲述自己的精神治疗法。她还决定在威斯康星州附近的密歇根湖岸边，建造一座专供有钱人消遣娱乐的小城。她出售所拥有的父亲石油公司的股份，以换取资金投入伊迪斯顿工程。但在1929年股市暴跌之前，只完工了一个供快艇停泊的船坞。为了购买湖边的不动产获取贷款，伊迪丝将自己的家庭信托基金抵押给了银行。股市狂泻后，这笔信托基金被银行收取。由于资金严重匮乏，伊迪丝的梦想彻底破灭。

作为父亲的洛克菲勒，多年来对女儿的行为一直深感羞愧。他让小约翰把伊迪丝从湖边的住处接走，送她去德雷克宾馆居住。他还供给女儿一千美元一天的生活费，尽管这笔生活费让她过着相对"贫困"的生活。1932年，由于患了肾脏癌，近六十岁的伊迪丝离开了人世，比她的父亲早逝五年。

普林斯顿大学

石油大王——洛克菲勒

※ 年轻时的小约翰·洛克菲勒夫妇

荒的书。

第三件是小洛克菲勒的婚事。洛克菲勒与参议院的名人阿尔因奇联姻，讨了能干又迷人的亚菲·阿尔因奇做媳妇。婚礼非常隆重，女家的父亲大宴亲友，在避暑的房子中请了一千名客人，一时传为佳话。洛克菲勒又因亲家的关系，认识了许多政权人物，风闻更多的政治趣事。婚后，小洛克菲勒夫妇住在洛克菲勒夫妇的隔壁。隔了没多久，这三对新婚的小夫妻都为洛克菲勒添了孙儿孙女，使洛克菲勒沉醉在天伦之乐中。

退休之后的洛克菲勒是快乐的，他将商业上的重担交给儿子，但不是因此无所事事地整日空闲在家。他保留了昔日的乐趣，比如溜冰、开车，更培养新的嗜好如打高尔夫球，把退休后的生活安排得多姿多彩。再加上替教会的义务服务，为慈善事业所做的贡献，使洛克菲勒精神上也有所寄托。唯一美中不足的便是外界仍不断地攻击他，尤其新闻界仍常常酸溜溜地描绘他。虽然洛克菲勒不以为然，保持一贯的沉默态度不去争辩，不把它放在心上，但他的太太有时还将那些报导剪贴下来做纪念。

※ 年轻时的小约翰·洛克菲勒夫妇

知识链接

洛克菲勒与高尔夫运动

商务周刊对《巨人：老约翰·洛克菲勒的一生》（随意的住宅，1998年）的作者——彻诺先生进行提问，借此来认识一下约翰·洛克菲勒是如何着迷于高尔夫球——为什么公司的首席执行官们如此热爱高尔夫运动？彻诺因《摩根家族》而获得国家图书奖，在这本书里，彻诺广泛地阐述了商业的发展史和商业文化。1993年，他在Warburgs著作的作品获得了Eccles Prize奖，并被评为当年最好的商业书刊。后来，他接受了商务周刊在线的高级新闻编辑道格拉斯的采访，下面是他们会话的摘录。

问：在你的传记作品中，你提到约翰·洛克菲勒先生对高尔夫球有强烈的热情。

答：约翰·洛克菲勒先生一生中对两个事情富有热情：上帝和高尔夫球。如果你要问哪个是他的最爱，他很难回答。

问：约翰·洛克菲勒先生是如何迷上高尔夫球的？

答：约翰·洛克菲勒先生五十多岁就退休了。虽然他是一位杰出的工作狂，但退休以后，他就从他的工业王国中走出去了。由于当时他的体力不是很好，处于半退休状态。因为他对自己的身体如此衰弱感到吃惊，他把长寿作为他生活的目标，他研究了好多种运动原理，以使自己能活到一百岁。

他有了一个新的心理年龄：例如，他最喜欢的原理是，如果在你吞咽食物之前先咀嚼十次，这样可以延长你的寿命。在他所采取的健康运动中，高尔夫是核心的一个，每天他都会在同一时间做同一件事。每天10：15分，约翰·洛克菲勒都会来高尔夫球场打高尔夫球，他可比手表还准时。

有很多事例都可以说明约翰·洛克菲勒热爱高尔夫球。他觉得高尔夫球是一项健康的运动，是一项集练习与娱乐为一体的运动。那些和蔼的、愉快活跃的步伐吸引着他。他觉得，如果他能够继续在高尔夫球场上运动，他的高尔夫水平就会不断提高。

他是一个非常具有竞争性的个体，他建造了第一个最大的商业帝国，后来又建造了世界上最大的慈善事业帝国。他做事从不半途而废。

石油大王——洛克菲勒

我觉得挑战自己是最能够吸引他的事情,在几本厚厚的书籍里有他的一些资料记录和他的一些重大的商业交易活动。

问:他的高尔夫球技如何?

答:非常棒,但不是最好——我几乎都忘了他身体不好。他八十到九十多岁时,球技还特别好,他非常注重节奏感,在打高尔夫的过程中,人们既消耗体力,也保存能量。他也是能够最终解决问题的人。我不认为他是世界上最精明的商人,可是他却有着一种超常能力,他能够为自己确定一个目标,然后去实现这个目标。

很可能他是第一位时间与动作研究者,他开发游戏,专心地研究这些电影,记录下不够完美的地方,其中有一个就是他旋转的动作,他抬着头,不够完美。因此他买了一个小盒子,在他打高尔夫球的时候,这个小盒子只会说:"洛克菲勒先生,请您低下头。"

后来他又有了一个不足之处——他经常扭转他的左踝。因此他又有了第二个小盒子,小盒子里能伸出一个槌球戏边门,实际上是在锤打(这个小门靠近)他的左踝,插进地里,把他的腿固定在那儿。我不是一个打高尔夫球的人,我不知道为什么那个小门没有弄伤他的脚踝。在一些图片里,他像个野人似地用劲打击。他打高尔夫球的动作不是非常优美,但是他的工作处理得非常完美。

问:高尔夫的本质是什么?

答:首先,对他来说,步行非常重要;然而,在接下来的几年里,他不再步行了,换作骑越野自行车,有一些小盒子帮他推车轮,因此他不需要太费力。一个小盒子里装个热水瓶,热水瓶里装着自制的牛奶和大麦糖,这可以给他补充能量。他是一个看起来行为十分古怪的人,你可以想象一下,一个看似远古的人骑着自行车从你眼前掠过。

他戴着一顶十分滑稽的帽子,从他的耳朵边上伸出一面小旗子。在高尔夫球场上,有时他还戴上护目镜,并穿着又大又长的外套。有时,他也是一位衣着考究的人,穿着整洁的斜纹软呢服运动夹克,戴着帽子。随着约翰·洛克菲勒年龄的增长，在老年时代，他仿佛变成了一个花花公子，积极参加各种活动，任何活动他都要着装整洁、大方、得体。

问：在你的书中，你提到过约翰·洛克菲勒在他运动方面的造诣和他制造业生产方法一样深。

答：高尔夫运动的社会影响比较大。在这儿有一个人，他和其他人的观点存在着很大的矛盾。这就是约翰·洛克菲勒。在针对标准石油开展反托拉斯活动的时期，人们把约翰·洛克菲勒看作食人魔。

事实上，他是一个十分亲切、可爱的人，他非常有幽默感，热爱交际活动。平时，他总喜欢和八个人或十个人打高尔夫，然后请他们一起共进午餐。

约翰·洛克菲勒不喜欢独处，如果他和某人单独在一个房间，他想，这个人很可能会劫财害命。因此约翰·洛克菲勒的游戏规则是，如果你想打高尔夫，就会有一个仆人通知你。在打高尔夫的时候，千万不要谈工作方面的事。这是一个不成文的习惯，这样你就会玩得很开心，没有任何顾虑。约翰·洛克菲勒在交际应酬时，十分谨慎。

记住，这也是在他的高尔夫球场上，他的三处地产区，都有高尔夫球场：一个在克利夫兰，一个在纽约市的Westchester县，后来他又在新泽西州买了一个高尔夫俱乐部。他在佛罗里达州的armand海边买了一幢房子，有时他在那儿开展一些社交活动，但不经常。

问：约翰·洛克菲勒在高尔夫运动方面投入了大量的资金吗？

答：当然。有一个奇异的现象就是他的所有地产都建在高尔夫球场旁边。约翰·洛克菲勒是19世纪的一位浸信会教友，记住这一点非常重要。这就意味着约翰·洛克菲勒不能抽烟、喝酒、打牌或去剧院。这样他还能做什么呢？打高尔夫球。别无选择。一个富人还能做什么呢？

因为约翰·洛克菲勒受到浸信会的教养，因此他一直都非常热爱户外活动，而不太喜欢在户内活动。例如，他不收藏艺术作品。对于约翰·洛克菲勒这个人物来说，艺术似乎有点异教徒的意味。他的房子很大，结构很普通，和他的财富相比较，房子还是很小的。他的花园和高尔夫球场非常漂亮。房子外

石油大王——洛克菲勒

面的一切都是上帝创造的产物,而花钱去装饰房子,无疑使约翰·洛克菲勒变得虚荣,这是不值的。

自从他殷切地希望高尔夫能延长他的寿命以后,他参考了大量的气象报告,根据天气情况,他计算出在这四个地方,他最多能打多少次高尔夫球。根据天气变化,他到不同的高尔夫球场去活动,就像太阳的崇拜者追随太阳一样。

高尔夫对约翰·洛克菲勒而言,不仅仅是一个游戏。20世纪早期,有一位高尔夫球手在Westchester帮他。有一次约翰·洛克菲勒在电话中说道:"你想打高尔夫吗?"但那位高尔夫球手说:"你是不是真的疯了,外面在下雪呀。"说着说着,他们还是去了。约翰·洛克菲勒找人把球场上的雪扫掉。这是一个非常有趣的故事,虽然故事中有一些勉强的意味。约翰·洛克菲勒害怕生活规律被打破,如果那样,他宁愿去死。

当时,他每年在高尔夫上投资50万美元,相当于现在每年1500万美元。我们要记住一个事实,约翰·洛克菲勒是非常节俭、朴素的人。对于他而言,高尔夫的投资是一件非常挥霍的事。这也成了他人物个性的一部分。高尔夫球场成了他的一个活动平台,他可以邀请高尔夫球友来这儿唱圣歌,他还可以邀请年轻女士来这儿打高尔夫。在他夫人逝世以后,人们才发现这个秘密。他有时会像残忍的专利者一样做出一些古怪的行为。

问:为什么那些获得约翰·洛克菲勒相同地位的人,如通用电器公司的杰克·韦尔奇,高科技的巨人、微软的比尔·盖茨,太阳微系统的斯科特·麦克尼里都非常喜欢高尔夫运动?

答:我既不是一个显要人物,也不是一个打高尔夫的人。我只能做出一些猜想。对那些整日在办公室工作的人们来说,高尔夫是一项户外运动,人与人无接触的运动,不会有人扭伤你的腿脚。整日在办公室工作的人们,如果能在太阳地里运动一下,那该有多好呀!再者,从广义上讲,那些高级的商业人士都有身份意识,高尔夫俱乐部有一个高雅的环境。如果你是一位显要人物,你可以在那儿遇见其他有权势的人物。

事实上，约翰·洛克菲勒也经常在高尔夫球场与其他要人见面——如哈维·费尔斯通、亨利·福特、安德鲁·卡耐基。人们在运动的闲余时间，可以交谈。在其他的哪项运动中可以做到这一点？在篮球场上，你不可能谈论生意上的事情。高尔夫为你提供了一个交谈的环境，在这里，可以像约翰·洛克菲勒要求的那样心情愉快地谈心，也可以严肃地交谈。经常打高尔夫，你的皮肤可以变成漂亮的古铜色。你还可以在那儿交到异性朋友。

挑战自我，把自己调到最佳状态，像约翰·洛克菲勒那样超长发挥，取得卓越的成就。每次你出去，你都能做到最好。当然，高尔夫运动不是一项团队运动，你不能把约翰·洛克菲勒放在团队运动中，这样不适合他。在高尔夫球场上，你可能成为早晨的艺术大师。高尔夫是王者的运动。

高尔夫是约翰·洛克菲勒生活的原则。他觉得生命有限，因此他把时间做出了划分，有练习的时间、休息的时间、独处的时间、社交的时间，他努力地去平衡。而高尔夫是一项集练习、休息、独处、社交为一体的运动。

文章来源：洛克菲勒（中国）研究发展中心

※ 高尔夫球

石油大王——**洛克菲勒**

捐钱行善

20世纪初的美国，各界呈现一片欣欣向荣。洛克菲勒的属下机构更为他赚进成千上万的利润，连子孙辈也用不尽的财富。在那种情况下，洛克菲勒的烦恼便是如何用钱，他无法像别人一样随便捐献便能获得心安，他一定是有计划、有规律地捐献，使捐款不但要花在有意义的事上，还希望看

※ 洛克菲勒大厦

到成果。他坚持捐款的四大原则：

一、主要把钱捐给组织完整的机构。

二、以抛砖引玉的办法捐款，引来更多的善心和款项。

三、捐款是要协助并培养受益人的一技之长，使之日后能自立，而不因此养成依赖的习惯。

四、主要受益的机构在停止接受捐款之后仍能维持各种助人的活动，而不要捐款一停，机构也即刻停止行善。

洛克菲勒虽然捐献时要求下属把握以上四大原则，但他本人并非博学多闻，往往有钱也不知应捐向何处，只好求助儿子及助手凯特等人。正好年轻能干的小洛克菲勒见识广博、头脑聪颖，往往能引导他父亲走向新领域。例如，鼓励他捐助科学方面的发明、教育方面的振兴和人才的训练等。精力旺盛的凯特会去发掘人才，又知道如何将理想付于现实。

两个年轻人不停地建议、策划，然后交与经验丰富、饱经世故的洛克菲勒做最后的裁夺。他们三人合力把赚来的钱，有计划地用在慈善事业上，建立日后多人受益的四大慈善机构：1901年建立"洛克菲勒医学研究中心"，1903年成立"普及教育委员会"，1922年成立"洛克菲勒基金会"，1918年成立"萝拉·史贝尔曼·洛克菲勒纪念委员会"，这四个慈善机构前后捐了四亿四千多万美元。

首先，先让我们来看看"洛克菲勒医学研究中心"成立的过程。在1879年，凯特返家度假之际，认识一位在医学院求学的年轻朋友，这位年轻人不但让凯特知道许多医学常识和医学界的情况，并借与他一些医学院的课本。凯特在他的感染及书本的影响之下，认为当时美国的医学界太过落后，赶不上其他欧洲先进国家。随即异想天开地向洛克菲勒建议设立一所医学研究中心，以提高美国医学界的水准，甚至于可以造福世人。凯特一不做二不休的个性，使他在提议之后就展开工

※洛克菲勒积聚了巨额财富，但是他从不吝惜这些财富用于慈善事业

石油大王——洛克菲勒

知识链接

洛克菲勒大学

　　洛克菲勒大学是由成立于1901年的洛克菲勒医学研究所发展而来，它是一所世界著名的生物医学教育研究中心，由美国石油大王洛克菲勒捐资建立。洛克菲勒医学院在其七十五个独立的实验室中，为科学家们提供了独特的协作环境，引导患者导向学习，是美国唯一的完全用于临床研究的私人医疗设施机构。

　　洛克菲勒大学的研究项目为美国来自分子和细胞生物学、遗传学、免疫学、神经系统科学、结构生物学、生物物理学和生物化学学科的最优秀研究生提供了创新的教育体验。同时，洛克菲勒大学也是开展诸如计算生物学和基因组学科培训项目的领头者。

　　早期，洛克菲勒大学因其科学成就而被人们所知。现今，20世纪许多重要的科学突破均诞生于此。多年来，洛克菲勒大学的实验室中有二十三位科学家获得诺贝尔奖。当前，洛克菲勒大学及其研究人员致力于研究困扰社会的主要疾病与健康问题。

作，请来律师默菲与他一起筹备。

　　起先，当他们向医学界人士提起这项计划时，反应很冷淡。等到小洛克菲勒向他家庭医生小儿科权威的郝特博士谈起之后，才扭转了全局。郝特博士又带来三位友人即赫得医生、普顿医生及皮格斯医生共商大计。

　　1901年年初时，小洛克菲勒对这四位医生说："如果我们家族每年能捐两万美元，连续捐十年，你们看能做些什么来振兴美国的医学界？"他们四人于是去请教当时医学界领袖魏尔克医生，并邀请任教于哈佛的史密斯医生及任教于宾州大学的费莱斯诺医生共同研究。这七个平均年龄只有三四十岁的年轻人终于于1901年年底成立了研究中心，魏尔克医生任主任，普顿任副主任，郝特做秘书，赫得管财政。资金是两万美元一年，连续资助二十年，研究的范围由魏尔克指示。中心仍遵照洛克菲勒一贯的主旨，先进行小规模地研究，再慢慢扩大范围。洛克菲勒不肯把他的名字放在董事会上，只是鼓励这些研究人员全心全意为美国医学界求进步。

研究中心起初进行得并不理想，因为这批富有雄心的医生不限制研究的范围与项目，让中心的医生各人探讨各人的问题，结果不但不能创新反而显得散漫，终于引来许多旁观者的批评，认为美国大概无法进行如此高深的医学研究。

研究中心的人员仔细调查原因后认为：一则固然是研究的目标不明确，二则因为中心的资金太少，人手不够齐全。所以他们又上呈洛克菲勒，要求扩大范围，增加资金。洛克菲勒看了建议书后允诺再添一百万美元改组。于是选出魏尔克医生与费莱斯诺医生担任研究部门的首脑。费莱斯诺曾就读于约翰·霍普金斯大学，后来游学欧洲，学问广博，返美后任教于宾夕法尼亚大学，是个细心、对科学有着狂热研究兴趣的人。

1904年，新改组的研究中心成立，由费莱斯诺带领许多知名的美国医生共同研究。到1906年，洛克菲勒在东河的六十六街又置下一幢大楼，正式成为研究中心的办公室。当时中心内分为病理学、生理学、药剂学及生物学四大部门，每位名医都担任一项重要的、有心得的研究。洛克菲勒仍不断地资助各方面的需要。

自1908年至1910年，中心再度改组，由简单的小研究中心扩展成为现代化的大型研究所，所以不得不将研究部门及财务部门分开。由洛克菲勒、凯特及律师默菲等人成立董事会管理财务及行政方面的事情，而让研究中心所雇用的科学家及医生们专心从事研究工作，不必再顾及俗事杂务。洛克菲勒事事替中心的研究人员设想，自己很少涉足其中，总是安慰他们要放手去做，不计成果。费莱斯诺曾转述洛克菲勒对中心研究人员所说的话：

"不要怕做不好，不要急着要结果。我们了解你们，我们确信你们有一天会带来成果的。即使今日无法找到圆满的答案，来日你们的接棒人也会成功的。我们要把眼光放远，这是个长远的计划，总有一天你们的愿望会实现的。"

研究中心不断地扩大，在1908年，增设有60个病床的病房及九个病床的隔离房。他们只收正被研究中心研究的病人，免费为他们医治，由库尔医生主持这个部门。此外，1914年又增设动物病理学部门，纽西有一座780亩的广场，专门从事动物的研究，由史密斯医生主持。1931年，再成立植物病要害部门。以上两部门日后均迁到纽约，到了1950年，该中心在纽约共有11座大楼，颇为壮观。

在没有压力，却有充足经费的

石油大王——洛克菲勒

情况下，没过几年，研究中心就有所发明以贡献社会。费莱斯瑟医生发明了医治传染性脑膜炎的血浆。他发现猴子也会传染该病，起先，他尝试用在为人身上培养的血浆注射在猴子身上，果然医好了猴子。于是，他大量制造该种血浆，不但医好无数美国国内感染此病的孩子，还把血浆寄往世界各地，使全世界的孩子们都受益，终于达到洛克菲勒及工作人员当初的心愿。此外还有许多其他的成功例子，如卡瑞尔医生因首创心脏开刀的手术而为自己及中心赢得诺贝尔奖；劳斯医生发现有些癌症是由病毒引起；还有数个中心的医生合力研究婴儿瘫痪病症，也得到诺贝尔奖，为该中心争取荣誉。这种例子在该中心真是不胜枚举。

成功的原因是众人热诚的工作和主任费莱斯诺医生所建立的良好合作制度。研究中心随着时间的延长而扩大，分设了许多部门，虽然各部门研究的方向不一，但费莱斯诺主任总是想尽办法使各部门人员在一起交换意见及成果，将纯研究性的科学用于现实，以达到救人救世的宏愿。在主任及同仁的努力之下，研究中心的成就大家有目共睹。

在20世纪初，洛克菲勒在芝加哥创立大学之后，更加关心后代的教育。他终于在1903年组织了"普及教育委员会"，专门协助南方地区的黑人及贫苦的白人求学向上。

刚开始时，洛克菲勒仅与兄弟儿子及助手凯特计划成立某种机构来赞助南方黑人教育，却又不知从何着手。小洛克菲勒即刻结交对南方教育已有贡献的两个富商加利及奥登为友，参加了一次关心南方教育人士所组织的南方之游。他除实地考察之外，还讨论了许多建设性的提议。结论是成立"普及教育委员会"，请包尔登为主任委员，由洛克菲勒捐出一百万美元，于十年之内改进一般教育，受益人将不受种族、信仰及性别的限制。

委员对此会的期望很大，希望该会能有权拥有无限制的资金，并能参与全国各地的各类教育活动。小洛克菲勒的岳父阿尔因奇，是当时参议院的红人，运用他的关系，国会很快地批准了该会成立，并授予一切请准的权利，委员会于1903年1月12日正式成立。洛克菲勒家族前前后后至少捐出一亿五千万美元。

推动这个委员会的人仍是具有冲劲且性急的凯特先生，他对委员会的关怀不亚于当初他对芝大的热心。他仍担任相同的职责，负责发起、建议各项新的想法，而默默推行、改良发展的却是另一位博学、

知识链接

美国的政权制度

美国是联邦制国家，政权组织形式为总统制，实行三权分立与制衡相结合的政治制度和两党制的政党制度。美国宪法是美国的最高法律，美国宪法规定美国政治制度的基本原则是：天赋人权、人民主权和限权政府、法制而非人治、代议制、权力分立和制衡、联邦制、文官控制军队。

美国的政权采用总统制，总统为国家元首和政府首脑；实行分权与制衡的原则，立法、行政、司法三种权力分别由国会、总统、法院掌管，三个部门行使权力时，彼此互相牵制，以达到权力平衡。

美国国会行使立法权。议案一般经过提出、委员会审议、全院大会审议等程序。一院通过后，送交另一院，依次经过同样的程序。法案经两院通过后交总统签署。若总统不否决，或虽否决但经两院三分之二议员重新通过，即正式成为法律。即总统对国会通过的法案有权否决，但反过来，国会又有权在一定条件下推翻总统的否决；总统有权任命高级官员，但须经国会认可，国会有权依法弹劾总统和高级文官；最高法院法官由总统任命并经国会认可，最高法院又可对国会通过的法律以违宪为由宣布无效。

此外，国会还拥有宪法所规定的其他权力，如对外宣战权、修改宪法权等。参众两院各自还拥有特殊权力。如总统与外国缔结的条约及总统任命的高级官员须经参议院"咨询和同意"；参议院还有权审判弹劾案，有权在特殊条件下复选副总统；众议院有权提出财政案和弹劾案，有权在特殊条件下复选总统。国会立法活动常受院外活动集团的影响。

风雅、知人、识人的博却克先生。他们两人相辅相成，共同为委员会工作，为美国的南方教育尽力。

起初，委员会仅想到用资金去改善落后及贫穷地区的学校，后来因效果不够理想，即领悟到应该协助当地人士自己来改进教育制度。委员会想出一个办法：他们拨出经费让当地专攻中学教育的教授来计划自己子弟的教育方针，哪儿是适合办学校的最佳地点，哪儿是村民聚集开会的好地方，如何开导乡

石油大王——**洛克菲勒**

※ 美国佐治亚州州旗

民；又如何捐得更多经费。这种办法意义深远。一方面，只有常住人士才了解民情及真正的需要；另一方面，由自己人出来研究执行，不会养成当地人依赖或自卑的心理。

渐渐地，委员会觉得上述办法仍不够完美，应该先改善南方各地落后的经济，一旦生活水准提高，教学才能达到效果。当初南方的经济状况贫困得令人难以想象，爱荷华州的农夫一年平均收入一千美元，而南方的农夫仅得一百五十美元的收入。于是，委员会决议先训练成年的农夫，增加农产、改善生活，吃饱穿暖之后再谈教育。随即与南方农业专家奈蒲博士研究改进方针。奈蒲博士认为人的基本原则是使受益人自立而不养成依赖的习惯，所以非常赞成委员会的设想，并协助其实现。

正好，当时奈蒲博士在农业部工作，便将整个计划书上呈农业部，得到了农业部的支持与合作。委员会派遣专家与有经验的农夫在自家示范耕种方法以指导本村的其他乡民，农业部并不参与实际工作，只是从旁辅导并派遣专家指点。这种计划很有效果，再加上洛克菲勒在经费上不断地资助，不但使南方获得利益，更推及至其他各地。除了德州之外，尚有路易斯安那州、阿肯色州、密西西比州、阿拉巴马州、维吉尼亚州、佐治亚州及北部的缅因州和新罕布什尔州，都得到委员会的援助。

根据农业部的资料及统计，当时南部产棉花的各州，在此计划的协助之下，农作物增产许多，可以自给自足，确实改善了农民的生活。直到1911年，奈蒲博士逝世，委员会对于南方农业示范的工作才渐渐减少，由农业部接过去，开始着重负责农村的教育。至此，这是"教育普及委员会"第一个成功的阶段。

第二阶段着重于改造高等教育。有冲劲的凯特在办芝加哥大学到组织委员会之间，接触到许多美国的高等学院。他认为当时的学院分散，水准低落，应该彻底改造。于是鼓励洛克菲勒家族再拿钱出来援助此项活动。洛克菲勒斟酌之后答应支持他，又捐出了成千上万的资金，以改良美国的高等教育。他们的方针有三：一是改进美国的大专院校。二是提高美国医学院的水准。三是发掘教育界其他需要协助的地方。

委员会在非常谨慎的原则下资助这些院校，他们到各校考察，如果学校行政稳定，有发展的潜力，则大力援助。他们仍采用抛砖引玉的方法，希望因为洛克菲勒的捐献而招来更多的款项。委员会显然不是马虎行事，他们多半按时查账，一方面可以了解学校的开支；一方面可以知道行政人员的管理方式，往往因此会发现管理不当。除了资助校方的用度，委员会又建议改进教员生活，提高教职员的薪酬，因而间接提高了师资素质。

再下一步就是提高医学院的水准。委员会计划设立有示范性质的高等医学院，这种医学院必须有自己的医院、诊所、检验部门等。洛克菲勒父子自然又首肯，前后拿出两千多万美元支持这项计划。委员会不但加强了已成立的约翰·霍普金斯、耶鲁、圣路易斯的华盛顿医学院，还远在芝加哥大学、哥伦比亚大学、罗吉斯大学及爱荷华大学设立医学院。这实在是一个有魄力、有理想的善举，但这仍招来许多批评。有些教育工作者认为委员会带来太大的压力，他们要参与行政工作(如查账、学校方针等)，常导致校方不便。于是，1920年委员会改变方针，不再频频过问校方行政工作，而仅在捐献基金时表明款项运用的方向及原则，其余让校方本身去应用，而不参与任何的意见。从此，学术界对洛克菲勒的捐献就不再有任何批评。

此外，又戏剧性地成立了"洛克菲勒卫生所"。1908年，罗斯福总统在位时，美国南方人民的生活依然非常清苦，且大部分人患有钩虫病。一日，就职于委员会的佩奇先生参加访问南方考察团时，亲眼看到病患的苦痛，询问之下发现该症并非无药可医，只是南方黑人过分贫困，无钱医治。所以，佩奇先生一返回北方即呈报委员会，请求洛克菲勒再开善门。洛克菲勒父子听取报告之后，随即慷慨解囊，捐出一百万美元成立"洛克菲勒卫生所"，专门改善南方黑人的卫生环境，医治患有钩虫病的人。在卫生所的协助之下，钩虫终于渐渐消减，该病一旦消失，卫生所也就逐渐合并于洛克菲勒其他的机构之内。

洛克菲勒在退休以后，对南方、对美国的贫苦大众，尤其是对黑人确实有不可磨灭的贡献。

石油大王——洛克菲勒

造福世人的洛克菲勒基金会

洛克菲勒退休之后，几乎将全部的精力都用在发展慈善事业上。他曾参与创办大学，成立医学院、医学研究中心，并创办普及教育委员会。在20世纪初期，因为美国的富足与进步，不但在世界上居于领导地位，还因此带来很好的国际关系。美国的富强更显出小国的贫弱，因此美国的慈善事业有逐渐发展向外接济的趋势。洛克菲勒因为在各地经商，于各地赚得大量的财富，在问心有愧的情况下，亦想开始援助海外贫困人士。在1905—1910年不断与朋友计划，这一构想就促成了日后"洛克

※ 繁华的美国

菲勒基金会"的成立。

有办芝加哥大学及普及教育委员会的经验，洛克菲勒认为他可以将大学资金交给独立的董事会，让董事会中有才干有魄力的人去发展慈善事业，而无需他本人过问任何小节。在创立上述机构时，洛克菲勒认识了几位杰出的人才，颇值得信赖并能协助他策划及实现各项目标，这几位日后在"洛克菲勒基金会"效劳的是凯

知识链接

洛克菲勒基金会

洛克菲勒基金会，是美国的约翰·洛克菲勒（小）于1913年设立的基金会组织，创办资金是一亿美元，后来再加上老洛克菲勒新的捐赠，到1951年达到三亿多美元，2000年超过33亿美元。1928年，与萝拉·西洛夏·史贝尔曼基金会合并。

洛克菲勒基金会的活动主要有：在国际项目上，征服饥饿、控制人口、促进健康、解决国际冲突、改进发展中国家的教育；在国内项目上，维护环境质量、发展文化事业，尤其是在戏剧、文学和音乐领域，以及增进机会均等。基金会的资金和政策由一个独立的不拿薪水的理事（评议员）控制，他负责向大学、研究机构和其他合格机构提供资助。基金会也从事自己的研究，但仅限于农业和病毒学。资助不对个人，也不能用于地方组织的建立和运行。小洛克菲勒担任基金会的第一任会长，捐赠的关注点是教育、健康、民权、城市和农村的扶贫。会址在纽约。

洛克菲勒基金会的宗旨最初只有一句话："促进全人类的幸福。"之后措辞上有些变动，变为"促进知识的获得和传播、预防和缓解痛苦、促进一切使人类进步的因素，以此来造福美国和各国人民，推进文明"。

基金会与中国有很大的渊源。对洛克菲勒来说，中国也是其最早和最重要的海外工作对象。1913年组建基金会之初，第一批行动是派医疗小组来华考察。

基金会在中国的工作主要可分为两部分。一、20世纪前半期的一大创举就是建立协和医学院及其附属医院。自1916年至1947年的32年间，该基金会用于创建、维持和发展协和的拨款总额为4465万美元。二、其他方面的资助

石油大王——洛克菲勒

包括：帮助创建自然科学的诸学科，如生物、化学、物理、地质、考古、遗传学、农业科学和植物学；推动乡村建设，开展平民教育运动；帮助创建社会学（包括人类学），帮助中国学者与西方的交流，其持续资助的南开大学经济研究所是1949年前中国最重要的研究实际经济问题的研究所。更鲜为人知的是，周口店北京人遗址的挖掘和考古工作，洛克菲勒基金会也从一开始就参与其中。

在中国政治局势动荡的很多年里，基金会对中国的帮助依然锲而不舍，尤其是在抗日战争最艰苦的时期，它根据当时的条件和需要，以最可行的方式，对迁往内地的学术机构进行帮助。如拨款给有关大学，由大学出面邀请一批中国著名学者到美国讲学一年等。

中国改革开放后，洛克菲勒基金会也是最早恢复与中国合作的基金会。由于它的工作不以国别，而按领域分，它所关注的重点——农业、医疗卫生、计划生育等都是中国急需的领域，所以，现在它与中国的合作相当广泛。例如，农科院、中科院的农业政策研究所、在杭州的中国水稻研究所、中国环境与发展研究所、中国计划生育委员会及其下属机构、一些地方研究所和机构等都与其有过合作。

特、布杰克、费尔诺及罗斯。

人才虽多，但草拟创议的仍是聪明而有魄力的凯特。他曾在1905年6月写了一封信给洛克菲勒，信上很详细地提到他对于造福世人、援助海外贫困人士的一些想法：

我已为您庞大的财富工作了15年，为了它，我曾花费不少心血，想尽办法好好地去善用它。我不可能不想到最后我们要如何花这笔财富。我常想到，您要趁您及您的子孙在世的时候，好好地将这笔财富用在有永久性质的慈善事业上，以造福世人。这是一件说起来容易，办起来困难的事。我们必须要先确定三点：

第一，我们要申明人类的需要及人类的定义。

第二，我们要如何安排合适

又能干的人来担任这项工作,不但目前我们需要他们,世世代代以后,我们仍需要这些人。

第三,我们要清楚了解人类哪一方面的进步才是真正重要,且能因此而引来更多施善的好心人,捐赠合法的基金。

凯特继续建议:在国外,他主张推广世界性的医学研究及全球性的基督教义以推进人类身体及心灵的健康。在国内,他认为同时提高高等教育的水准、改善都市居民生活及训练人民的公德水准和提高人民素质。

创办基金会的念头,经常萦绕在洛克菲勒父子心头,一有空闲,他们两人就谈论各种的计划。1906年,在小洛克菲勒写给父亲的信中,有一段提及:

想把托拉斯中的一部分资金投到慈善事业上,专门用来接济贫困的大众,改进教育,发展科学及传播宗教。

小洛克菲勒虽知父亲有心捐赠,但此次计划太庞大,包括的东西不尽相同。小洛克菲勒觉得最困难的一点是如何网罗各方面有才能的人,使他们共聚一堂,同心合力地工作。他每想到此,就有些望

※ 洛克菲勒家族一直在积累财富的同时从事着伟大的慈善事业

而却步,于是一个会议接着一个会议,父子两人都想找出一个完美的办法。尤其是洛克菲勒,几十年来他的作风未曾改变,凡事在未决定之前都小心谨慎地慎重考虑,一旦决定后从不拖泥带水,迅速地将事情解决,这次也不例外。

等到1909年6月19日想好成立的办法之后,马上从"标准石油公司"的证券中提出五千万美元作为资金,存在三位受托人——凯特、小洛克菲勒及麦康密克的名下,作为促进人类幸福及文明的资金。然而洛克菲勒坚持要等到联邦政府的特许之后,基金会才可以开始工作。于是1910年,亲家阿尔因奇参议员将此案送进国会。

议案送进国会之后,不但没有很快地如期通过,反而招来一身议论。各州的政治家都提出反对,有些人认为只要洛克菲勒出面必有其他企图,像芝加哥的《海洋杂志》很幽默地写道:"哪怕是洛克菲勒要把全部财产捐赠给政府的议案,也没人肯通过的。"

但是,事实上一般人觉得这个基金会的目标太广阔、太松散,理想又高又抽象,而且是个永久性的计划,不免叫人怀疑其居心。更何况当时街头巷尾议论纷纷,传说洛克菲勒马上就要再投资五亿美元进入该基金会,政府怕促成一个恣意放纵的社团,所以国会议员及总统在考虑之后,全体反对,以致特许的事就此一搁三年。

洛克菲勒只好先废弃他原先的赠款,但这并没有摇动他成立该会的诚心。于是他转到纽约州的议会,在没引起大众注意之下,轻易地于1922年成立了基金会。洛克菲勒即刻投入三千四百多万美元,第二年又增加六千五百多万美元。"洛克菲勒基金会"的主旨简明而崇高——促进全世界人类的幸福。

基金会的负责人也被选定了,虽然表面上由小洛克菲勒负责领导,但工作得最辛苦、花费心血最多的却是格伦先生。他曾在日后回忆说:"当时,我就是基金会,基金会就是我。我一个人,在百老汇二十六号的小房间内,独自守着四个抽屉的档案桌,那就是基金会全体的人工和设备了!"

此人是传教士的儿子,哈佛的毕业生,毕业后任职母校。他博览群书,是一个聪明、机智又富有创造力的年轻人。基金会成立之后,除了洛克菲勒父子及格伦之外,又选出其他六位委员作为资金的受托人,他们是凯特、杰德逊、费莱斯诺、墨菲、海特及罗斯。后来,调查赫本案件的赫本也加入基金会服务。这些人不只是挂名而已，他们全都为该会尽过力。尤其是格伦、凯特和小洛克菲勒可说是三大功臣。

在人手和资金都齐备之后，下一步就是研究商讨促进全世界人类幸福的办法。洛克菲勒经常强调慈善事业最重要的是如何结局："最好的慈善事业是先找出贫困或失败的原因，再试着用就地取材的方法改善其缺点，以求得完满。"格伦先生依循这个大前提为基金会写下六大章程：

一、基金会不做个人的接济。

二、协助的范围要广泛，不可只促进一项，除非是实验性质的协助。

三、基金会愿意协助任何能自助并助人的社区或集团。

四、基金会不捐助给任何无权过问的机构或团体。

五、基金会不接济任何时期阻碍其资金有效运用的团体。

六、基金会愿意捐赠给任何能彻底消除个人或社会痛苦的团体。

他们的志向虽然宏伟，资金虽然庞大，但在救助全世界人类苦痛上仍嫌不足。简而言之，他们只能起带头作用，引发其他团体的善心，而不能完全依赖其协助。因为在1917年，基金会的第二任会长文生先生指出：他们一亿两千万本金一年所得的利息只能支持政府七小时的作业，而全部的本金也只能维持政府五天的开支。由此可见，这个基金会只能从旁做些协助，而无法真正地改善世界。

基金会虽然无法消除全世界的苦痛，但本着能减少一分痛苦就多得一分幸福的原则，他们第一步就是消减疾病。基金会令曾在南方各州消灭钩虫病的罗斯博士拟一份计划，为国外的落后地区消灭此种疾

※ 九十岁的约翰·洛克菲勒

石油大王——洛克菲勒

生医疗及科学知识。

第二步，就是到科学落后地区去开设医学院。因为洛克菲勒笃信宗教，有许多曾经到中国传教的朋友，所以洛克菲勒家族对中国的兴趣很浓厚。于是他们展开计划，先研究中国的情况及需要，再开会决定协助中国发展健全的医学制度。由凯特策划，经委员会批准，在北平成立一所医学院，逐渐使东方国家也注意到医学的重要。

另外，基金会更协助了不少美国国内及国外的高等学府及研究中心。基金会在1914年到1916年对社会经济产生了兴趣。当他们想找个地区做些实验性的活动时，他们参与了一场科罗拉多燃料及钢铁工厂工人的暴动：工厂有百分之四十的股份是洛克菲勒的，当时他已七十五岁，没有插手管理这件事。但小洛克菲勒想协助解决这个错综复杂的问题时，却招来许多评议，以致日后令基金会得到一大教训，不再干涉任何太敏感的问题。工人暴动牵涉很广，还引起伤害案，所以当洛克菲勒想解决问题时，引起政界人士的猜议，不知洛克菲勒父子安了什么心。政府组成的"工业关系委员会"曾开庭质询，洛克菲勒被请去说明。他强而有力地反驳他滥用权力及金钱去左右工人，他

※ 1922年的洛克菲勒

病。不久，"国际卫生委员会"成立，不但计划消灭钩虫疾病，还在各地段成立分站，以促进该地的卫

103

※ 圣保罗

的几句话终于说服了反对他的人。他说：

"我对民主制度有百分之百的信心，我认为当预料之中的邪恶快要发生之际，政府愿放手让人民或其代表试着去消减该邪恶，而非束缚他们的手脚，使其静坐期待邪恶危险的降临。"

洛克菲勒一席话虽然挽回大局，但基金会也获得一个实质的经验。基金会终于决定日后如再有这样的纠纷，他们自己将不干涉，而请其他的团体出面干预。基金会只负责出钱并在一旁协助，以免引起过多的猜疑及批评。

到1917年，文生先生代替小洛克菲勒出任会长时，洛克菲勒基金会又开始一个新纪元，更做了许多值得骄傲的事。

文生这个人博学多能，丰富的经验使他习惯于有条理及和谐的行政制度。他上任之后，大半都是循着基金会的主旨去实行，而不似小洛克菲勒在任时，协助的范围虽广但显得杂乱，引得凯特的批评。有了凯特的支持，文生更是有板有眼地朝着提倡公共卫生及医学教育方面发展。在文生时代，基金会的利息多数是用在国际卫生委员会及中国医学委员会及后来的医学教育上，全力提高全球的卫生环境及治疗各种疾病。

当时在国外，费尔诺主张再度提高美国医学院的水准，要在爱荷华大学建立一所庞大的医学中心，为此七十一岁的凯特与费尔诺起了争执，使得他不久即退休还乡，洛克菲勒集团从此失去一名无法被取代的大将。

在国外方面，基金会资助的医学院及研究中心也是不可胜数。它的捐赠遍及伦敦、爱丁堡、里昂、圣保罗、贝鲁特及其他各地。然而洛克菲勒却最关切加拿大，他认为加拿大人民与美国人民同源同种同文化。如果他们能牺牲自己，教育下一代和善用资源，则民主制度

必能迅速传播。所以基金会协助由哈利法克斯到英属哥伦比亚设立大学。洛克菲勒基金会到处捐赠，提高教育水准，不但为世界尽一份心意，同时还做了多次成功的国民外交。在伦敦的报纸曾称该会对大学慷慨的捐献，是第一次世界大战胜利后最令人振奋的一刻。

基金会的"国际卫生委员会"最成功的一例就是发明了预防黄热病的疫苗。西班牙内战时，发现黄热病是由蚊子传染的，后来有一位名医葛卡斯曾在巴拿马运河区将此病消减。但当时东方人士害怕巴拿马运河一旦通行，黄热病也会随着流传到东方。于是，委员会就请葛卡斯医生担任消减黄热病小组的组长。虽然，曾有一度似乎全面消减，但在葛卡斯死后数年，黄热病又在南美洲大为流行。最后终于由纽约的研究中心成功地研制出预防该病的疫苗，从此控制了黄热病的蔓延，减少了许多人的苦痛。

到1928年左右，当初替洛克菲勒策划慈善事业的大将都已衰老退休或逝世了。洛克菲勒整个的慈善事业正面临一个新时代。老当益壮的洛克菲勒主张将全体合并，他在指示他儿子的信上说："如果合并是应该今天做的，你应了解我平日的感受，马上放手去做，应该毫无

问题的可以合成一个大机构。"

当时，洛克菲勒基金会中最大的机构尚有"普及教育委员会"、"萝拉·史贝尔曼基金会"和"洛克菲勒纪念基金会"。"萝拉·史贝尔曼基金会"是专门从事社会工作的，当时已完全准备随时并入洛克菲勒基金会。唯有"普及教育委员会"是否要并入基金会，引起洛克菲勒手下人士的争论。赞成的人认为二者合一会有更和谐完美的行政制度，更一致的政策。但反对的人士却认为，二者的主旨不同，一旦合并恐怕无法顾及多方面的活动，而影响工作效果。结果双方妥协，以很缓慢的步调慢慢地合并，使二者成为一个更协调、更有效率、继续为社会大众谋福利的机构。

洛克菲勒几十年的慈善事业，不但替社会做了许多事情，更使其与下属的工作人员建立起良好的友谊，宛如一个完整的大家庭。虽然洛克菲勒的慈善事业曾改善教育、医学及各方面的环境，但也像其他的慈善机构一样遭遇到一些麻烦，比如浪费了一些金钱，做了错误的决定，或内部行政人员的人事问题等；并也招致一些评议，比如太多研究、太少实际活动，或抱怨活动太散乱，忽略了人性等等。

除了这些普遍的批评外，外人对洛克菲勒慈善事业指责得最厉害

的两点是：第一，洛克菲勒家族完全控制该慈善事业，太过专权。第二，该事业的条例规则太多，不能完全发挥其潜力。

对于外界所传的洛克菲勒家族完全掌握基金会的一些评语，小洛克菲勒对此曾有一番解释。他认为他父亲做事一向由小而大，小心谨慎地研究考虑之后才慢慢地去做。在这种情况之下，当每一个基金会、研究中心等成立之初，都是由常与洛克菲勒在一起计划的亲密亲人及密友所主持，以致基本是洛克菲勒家族或其亲信掌握各慈善事业。

其实，每当上轨道后，若洛克菲勒物色到有才干、有魄力的替代者时，洛克菲勒家族的亲信便渐渐退出而让委员会的人员独立地处理事件。小洛克菲勒是非常反对众人认为他们家族独揽各种慈善事业的。至于外界的评论，他认为更是不公平。因为洛克菲勒在20世纪20年代曾多方面减少各种不必要的规则和条例，使各慈善事业都能尽力地发挥其潜能，为社会大众谋福利。

无论外界对洛克菲勒的各项慈善事业如何不满，他们都不能否认洛克菲勒对社会确有贡献。他虽有惊人的财富，但他从未因此狂妄，反之，都是以谦虚的态度来对人对事。他从未将他的钱财奢侈地浪费运用于买通任何的权势，他总是捐给大众。在创办慈善事业的整个过程中，洛克菲勒从不任用自己人，或干涉行政。虽在各项活动成立之初，他都亲自参与策划工作，但一旦由有才能的人接手过去，洛克菲勒就不再发表意见了。所以，总括来说，美国人民和其他国家受益的人民还是应该感激他和他的家族上百年来的善举。

※ 九十五岁时的洛克菲勒